短视频不惑

企业短视频运营快变现

叶旭东 李陆野 著

电子工业出版社
Publishing House of Electronics Industry
北京·BEIJING

内 容 简 介

本书是一本为实体企业老板、企业新媒体部门人员及有志于从事短视频直播的相关人士精心打造的实用宝典，内容涵盖企业短视频运营从策划到执行的整个流程体系，细致入微地讲解团队布局、变现模式、触达客户、爆款内容定制、矩阵运营、实现转化等，不仅有丰富的理论知识，更有大量的实战案例，能够让读者直观地了解到成功的短视频是如何运作的。从选题的策划技巧到视频的拍摄手法，从剪辑的艺术到发布的策略，从流量的分析到转化的运营，对每一个环节都进行了深入剖析，能够让读者轻松掌握短视频运营的精髓，少走弯路，突破瓶颈。通过阅读本书，读者将掌握企业短视频运营的要点，能够运用实用技巧和策略，在激烈的竞争中脱颖而出。

本书见解独到、通俗易懂、深入浅出、案例丰富，同时附赠配套资料包，包括案例视频、可复用的各种模板等。

对于实体企业老板，本书是拓展客户渠道、提升品牌知名度的得力工具。对于企业新媒体部门人员，本书是提升专业能力、创造优质内容的指南。对于渴望在短视频直播领域发展的人员，本书是打开成功之门的钥匙。

未经许可，不得以任何方式复制或抄袭本书之部分或全部内容。
版权所有，侵权必究。

图书在版编目（CIP）数据

短视频不惑：企业短视频运营快变现 / 叶旭东，李陆野著. —北京：电子工业出版社，2024.6
ISBN 978-7-121-47891-8

Ⅰ. ①短… Ⅱ. ①叶… ②李… Ⅲ. ①网络营销 Ⅳ. ①F713.365.2

中国国家版本馆 CIP 数据核字（2024）第 102165 号

责任编辑：董 英
文字编辑：许 艳
印　　刷：中国电影出版社印刷厂
装　　订：中国电影出版社印刷厂
出版发行：电子工业出版社
　　　　　北京市海淀区万寿路 173 信箱　　邮编：100036
开　　本：720×1000　1/16　印张：15　字数：288 千字
版　　次：2024 年 6 月第 1 版
印　　次：2024 年 6 月第 1 次印刷
定　　价：79.80 元

凡所购买电子工业出版社图书有缺损问题，请向购买书店调换。若书店售缺，请与本社发行部联系，联系及邮购电话：（010）88254888，88258888。

质量投诉请发邮件至 zlts@phei.com.cn，盗版侵权举报请发邮件至 dbqq@phei.com.cn。

本书咨询联系方式：faq@phei.com.cn。

大咖力荐

这是一个"最坏"的时代，也是一个"最好"的时代！作为实体企业的创业者，我们总是抱怨这个时代的短视频和直播影响了我们的常态化经营，抢走了实体经济的生意和机会。但正是这个时代给予了我们利用短视频和直播为企业经营和品牌的发展插上翅膀的机会，甚至让我们可以"上天入地"。是叶旭东老师的课让我们可以从抗拒拍短视频，到迅速借助短视频获取更多的流量和转化、变现的机会。这为我们按下了新的启动键，也为我们的企业打开了另一扇大门！

马晓翔
深圳市唐马服装有限公司总经理、15小时社交服饰品牌创始人

短视频营销是企业当前关注的热点之一，并将在未来一段时间内持续受到关注。旭东老师无疑是该领域的专家，他不仅有独到的理论见解，而且有丰富的实战经验。本书从团队搭建、账号建立，到选题策划、视频拍摄和剪辑，再到引爆流量、投放转化，覆盖了短视频营销的整个流程体系，一定能帮助您的企业在短视频营销领域脱颖而出。

Linda
墨尔本极膳庭院创始人

本书由资深导师叶旭东先生精心撰写，他曾为无数实体企业传道授业，堪称新媒体领域的领航者。

本书深入剖析了新媒体时代的商业密码，为实体企业家提供了宝贵的行动指南。叶老师凭借敏锐的洞察力和丰富的实战经验，助力企业在新媒体领域开疆拓土，引领商业新潮流。本书犹如一盏明

灯，照亮你前行的道路，激励你勇敢涉水，在春光无限的商战中一往无前。

李明亮

柳州家居·万维直播小镇董事长

  本书凝聚了作者在短视频领域沉淀多年的经验和智慧，其亮点在于案例丰富、见解独到，深入浅出地阐述要点，并配以实用的案例。本书提供了多套可复制的高流量脚本模型和选题思路，适合不同阶段的读者阅读，无论是短视频从业者还是实体企业，都能从中受益。相信它将成为行业经典，助更多人通过短视频走向事业的巅峰。热烈祝贺本书出版。

史昊翔

长沙昊博机械设备有限公司董事长

  短视频是我们在这个时代必须掌握的营销工具。本书归纳的方法和逻辑能让企业各层级工作人员都快速掌握相关技能，并随时随地执行，帮助企业用最少的时间和人力成本达到营销的目的。

Kim Chow

西皮葡萄品牌创始人

  叶老师基于多年从业经验，结合行业动态和趋势，为读者带来了这本心血之作。本书深入解读了短视频行业，汇总了丰富的案例和实战经验，可帮助读者应对市场变化和挑战及把握发展机遇。无论是行业从业者还是普通读者，都能从中获得实用知识，提升在短视频行业的竞争力。

林丹

武汉海峡萧氏美容发展有限公司创始人

  叶旭东老师是天生的操盘手、风口的引路人，他的课程轻松又富有深度，他对短视频赛道的理解透彻又清晰，拜读大作让我受益匪浅。本书为多种行业提供了详尽的解决方案，值得大家反复阅读。本书一定能成为你在短视频赛道上的指路明灯！美好时代别做旁观者，加油！

姜波
旧世界奢侈品运营总裁

本书内容干货满满，因为工具类的图书不需要废话。从我的角度来说，企业想拥有的具备专业技能的、有实操经验的，同时掌握了方法论及拥有"网感"的人才屈指可数，那么企业该怎么办呢？培养专业人才！

旭东兄弟这本《短视频不惑》，是非常值得企业运营者和创作者花时间学习的短视频运营宝典。本书涵盖了企业短视频运营从策划到执行的整个过程，细致入微地讲解了团队布局、变现模式、触达客户、爆款内容定制、矩阵运营、实现转化等，不仅有丰富的理论知识，还有大量的实战案例，能让读者直观地了解成功的短视频是如何运作的。本书从选题的策划技巧到视频的拍摄手法，从剪辑的艺术到发布的策略，从流量的分析到转化的运营，都进行了深入剖析，能让读者轻松掌握短视频运营精髓，少走弯路、突破瓶颈。

希望你通过阅读本书，获得重要的启发和实用的方法论，并且尽早在短视频生态圈中实现自我进步和迭代！

文龙校长
《我与抖音的 300 天》作者

每一位企业家都应该拥有自己的自媒体，这是可以与他人快速建立信任的媒介！为此，我也走了很多弯路，幸运的是我遇到了叶老师。在他辅导我的整个过程中，让我感触最深的是叶老师尽在掌握的能力！只要照老师所说的去做，就会在老师预估的时间内（连续 3 次准确预判），视频"开爆"！这让我感觉很神奇！在你付出所有努力，觉得还是没机会的时候，老师的那种淡定和鼓励会带给你力量，让你继续下去！本书囊括了叶老师的各种"秘籍"，一定能帮到你！

沈岚

岚艺云画廊主理人、叁柒贰叁美术馆创世理事

身为企业新媒体实战营销专家的叶旭东老师的《短视频不惑》一书，笔锋所至，心之所向！

叶旭东老师针对各个行业的企业家对新媒体的陌生、不解、顾虑、担忧，从心念和指导方向上进行了全面、完整的解惑，在短视频营销领域的战略布局方面，让企业家吃了颗定心丸！

同时，在运营账号、搭建团队、变现模式、海量触达、打造爆款、矩阵流量、高频转化等方面，本书详尽地描述了短视频操作的精准路径，好像一套组合拳。本书可谓一本细致入微、深入浅出、章章丰满又精致的新媒体"作战"指导手册。

我们完全可以相信，怀揣这本指导手册并反复揣摩、不断操练，完成自身企业短视频的从无到有、从有到会、从会到精、从精到胜，将不再是空想。在当今全球经济下滑的时期，手握"不惑"，创造佳绩，指日可待！

慧果

CIPC 注册国际心理咨询师高级讲师

在短视频时代，每个人都能成为主角。可纵使有出众的能力，没有落地的方法，也会错失良机！旭东老师的书犹如一本抖音领域的"葵花宝典"——他把"做抖音"这件事变成了一项落地技术，"一书在手，天下我有"。愿本书带你乘风破浪，成为时代的主角！

段雯蓉

深圳诺德信息科技有限公司非物质文化遗产"烘笼茶"技艺传承人、小甸园茶叶创始人

在 AI、VR 和元宇宙成为新的体验和消费场景之前，短视频平台将会是人们最主要的消费渠道，就像 40 年前的门店、30 年前的百货商场、20 年前的购物中心、10 年前的天猫一样。因此，短视频运营能力是现代企业的必备能力之一。叶老师在企业的销售经验让他懂营销，在字节跳动的工作经验让他懂规则，在博商的授课经验让他懂老板，这"三懂"的融合也就成为叶老师新书《短视频不惑》的核心。本书既有系统且严谨的结构，也有详细的案例拆解，还有落地操作步骤。所以，做短视频不想走弯路且想"不惑"的朋友，买就是了！然后，操练起来！

曾任伟

博商管理科学研究院院长

本书凝聚着叶老师在短视频领域的多年潜心实战心得。在新媒体蓬勃发展的今天，本书如立夏时分的及时雨一样，给我们惊喜。法有定论，兵无常形。短视频的核心还是内容为王。读叶老师的书，就像听他的课一样，严谨的知识体系下奇招频现。读过本书后，我们不仅"不惑"，还会被激发出创作灵感。

姜稷宣

和顾家总裁

在当下的商业环境中，人人都希望借力线上短视频为企业增效，但盲目运作短视频的试错成本极高，让很多企业望而却步。我相信大家都在做短视频的路上经历过满怀信心地启动项目，最终却因慌乱、内耗、自我怀疑而停滞不前。还记得第一次见小东子老师，他金句频出、幽默风趣，深入浅出地破解了我们团队做短视频的很多迷思。本书就像打开短视频之门的钥匙，能帮你摸清短视频背后的底层逻辑。宁可在正确的路上散步，也不要在错误的路上奔跑。本书值得所有希望重新建立做好短视频信心的创业伙伴阅读，把企业增效的开关按钮牢牢握在自己手中。

Ada Liu

嘉美道合集团创始人/CEO、美国 DMK 品牌大中华区负责人

2024 年，抖音进入存量博弈阶段，本书的出现无疑为充满困惑又跃跃欲试的人们打了一剂强心针。2024 年，做好短视频，看"不惑"就够了。

曾泓维

久美神话、美业真北创始人

我的切身感受是，叶旭东老师的课值得每一位创业者学习，书也如此。短视频是一把手工程，老板懂底层逻辑才能让执行动作不变形，提升对短视频的认知才能获得理想的结果。短视频让我的影响力前置，谈 B2B 业务时更有效率。

张驰

上海大驰工业创新创始人、上海交通大学讲师

序言

【你开始拍短视频了吗】

2019年，很多人都在后悔，没在5年前做微信公众号。又一个5年过去了，现如今还有很多企业负责人问我："旭东老师，我现在做短视频还来得及吗？"

回答这个问题之前，我想问各位有没有发现，现在时间好像过得比之前快，此刻正在读本书的你有没有觉得今天过得非常快呢？从互联网诞生至今，我们每天或主动或被动地接收海量且繁杂的信息，这让很多实体企业感到窒息，跟不上就意味着被淘汰，意味着被竞争对手取代，甚至消亡在这残酷的商海之中。

所以，**现在做短视频已经不是"来不来得及"的事情，而是必须去做的事情**。在如此巨大的流量池中，我们可以看到很多企业在这个新战场上厮杀、抢夺流量，可短视频营销的不可控性却让人觉得很棘手。很多企业做短视频曝光营销，要么按照传统宣传片的模式"拍大片"，一味地追求所谓的"高大上"，要么简单粗暴地找网红达人，钱没少花，精力没少搭，效果如昙花。

【能够抓住的才是机会，能够转化的才是增量】

为什么你发出的视频没有流量？为什么你的视频"爆"了却无法转化？是内容出了问题，还是账号出了问题？诸如此类的问题还有很多，大家为什么会产生这些困惑呢？原因很简单，在运营一个账号的过程中，绝大多数人都只是在跟风模仿，没有一整套完整的体系模型。

以抖音为例：现阶段抖音已经达到爆发的顶点，增长趋势放缓，现在比拼的不再是蛮干，而是耐力。截至 2023 年，抖音的日活用户数达到 9.2 亿，日均搜索量已经突破 6.5 亿人次。**人在哪里生意就在哪里，持续输出可转化的作品才是企业短视频营销的核心，当下企业老板必须躬身入局。**

【何为"不惑"】

作为短视频营销领域的讲师，我深知企业、商家的苦恼，做账号的困惑，这本《短视频不惑》的**写作目的之一，就是让广大实体企业在做短视频营销的过程中不再困惑。**

如果你现在还没开始做短视频，或者在做短视频营销的过程中产生了困惑，那么本书会成为你运营账号的"流量字典"。在博商授课这些年，我遇见过成千上万名实体企业家，在本书中，我会将企业做短视频营销时遇到的关键问题的解决方案提炼、萃取并呈现给读者。

在本书中，你将汲取到当下企业做短视频营销从 0 到 1 的实操经验,其中每个环节都完整、细致地得以呈现。本书不仅适合对短视频营销无从下手的实体企业,也适合在做账号的过程中遇到某个特定问题时,如团队搭建问题、灯光拍摄问题等,随时查阅解决方案。阅读本书将使你不再困惑,随时、反复阅读将有助于在实践中成功应用书中知识。

【你真的要开始拍短视频了吗】

如果读完本书让你感到振奋,深吸一口气说"我要开始拍短视频了",那么我想再问你一句,你真的要开始拍短视频了吗?你真的能坚持一年、三年而不是一周、一个月?如果时间回到2019年,一天拍一条视频,到现在你至少积累了1500条视频,那么你得有多少个粉丝?别人一年做几十万个粉丝,你做5万个粉丝行不行?你做5000个粉丝行不行?

你总是在准备内容、准备素材,总是在"养号",总是在焦虑,总是在迷茫,总是在着急……

没有播放量好焦虑,半夜睡不着觉,可是你刷视频刷得比谁都多!内容差、口才不好、容貌焦虑、镜头前紧张、不会写文案……你不是不懂,是不做!一天一条视频,一年300多条视频,怎么做都熟练了,只可惜你没有去做,没有进行积累。

读完本书,请你问问自己:真的要开始拍短视频了吗?[①]

四十不惑叶旭东

---

① 本书提供配套资料包,包括大量视频、链接和模板,读者可以通过扫描封底"读者服务"处的二维码获取。

目录

第 1 章
明确规则，摒弃不必要的观念

1.1 抖音是如何将视频推送给用户的 / 5
    1.1.1 抖音的大数据分析方法 / 5
    1.1.2 抖音信息分发的实现途径 / 9
    1.1.3 如何理解抖音的千人千面 / 10

1.2 短视频养号背后的"真相" / 12
    1.2.1 抖音养号的九大传言 / 12
    1.2.2 抖音养号的正确方法 / 16

1.3 通过 3 个误区找到抖音获客变现的核心 / 19
    1.3.1 90%的老板会陷入的 3 个变现误区 / 19
    1.3.2 抖音获客变现的核心：有流量，快转化 / 22

1.4 从企业做抖音的 5 个大坑，看企业做抖音靠什么 / 24
    1.4.1 企业做抖音的 5 个大坑 / 24
    1.4.2 做抖音短视频靠什么 / 30

第 2 章
团队搭建：科学调整人员结构，通过激励提高效率

2.1 短视频团队如何搭建和考核 / 34
    2.1.1 商家短视频团队搭建实操案例 / 34
    2.1.2 短视频团队的岗位设置 / 37

2.2 优秀短视频运营人员的能力素养 / 40

第 3 章
规划变现模式，搭建专业的企业账号

3.1 打好创作者标签，聚焦精准用户 / 48
    3.1.1 如何确定目标用户 / 48
    3.1.2 怎样打好创作者标签 / 51

3.2 抖音五大变现模式详解 / 58
    3.2.1 视频带货，从两种脚本模型到更多创意与策略 / 61
    3.2.2 同城团购，从时机到变现的 3 个关键环节 / 72
    3.2.3 直播带货，从解决困惑到真诚、自信和坚持 / 76
    3.2.4 知识付费，一个对所有人都非常重要的机会 / 78
    3.2.5 引流咨询，"小风车"将公域流量引至私域 / 80

3.3 如何搭建一个专业的企业账号 / 83
    3.3.1 账号包装四问 / 84
    3.3.2 账号包装五要素 / 85

第 4 章
多拍快拍，实现海量触达

4.1 如何一天输出 100 个视频作品 / 98
  4.1.1 短视频应该拍什么 / 98
  4.1.2 短视频怎么拍更好 / 100
  4.1.3 建立用户信任 / 116

4.2 短视频拍摄和剪辑 / 118
  4.2.1 光：短视频拍摄的视觉清晰度 / 118
  4.2.2 麦克风：短视频拍摄的听觉清晰度 / 123
  4.2.3 入门版剪辑工具——剪映 / 125

4.3 你最适合哪种视频呈现形式 / 125
  4.3.1 短视频的 8 种呈现形式 / 126
  4.3.2 如何快速提高口播表现力 / 132
  4.3.3 拍摄前的检查清单 / 134

第 5 章
爆款选题，利用脚本模型轻松输出优质短视频

5.1 4 种可复制的高流量脚本模型 / 140
  5.1.1 "教干货"的脚本模型 / 140
  5.1.2 "打广告"的脚本模型 / 147
  5.1.3 "拍过程"的脚本模型 / 155
  5.1.4 "聊故事"的脚本模型 / 157

5.1.5 内容配比 / 159

5.2 如何找到自带爆款潜质的好选题 / 162
    5.2.1 什么是选题 / 164
    5.2.2 找到爆款选题方法 / 165
    5.2.3 爆款选题思路参考 / 168

第 6 章
矩阵模式，扩大流量池

6.1 一天应该发多少条视频 / 174
    6.1.1 用重复策略实现海量触达用户 / 175
    6.1.2 怎么给视频去重 / 180

6.2 搭建矩阵，引爆流量 / 183
    6.2.1 什么是矩阵 / 183
    6.2.2 搭建矩阵的 3 个要点 / 184
    6.2.3 老板可以借助的流量力量 / 188

第 7 章
快速转化，投放转化效果好的短视频

7.1 要不要投"抖加"，怎么投 / 194
    7.1.1 "抖加"投放的 3 个问题 / 194
    7.1.2 "抖加"要怎么投 / 196

7.2 用关键词实现转化 / 197
    7.2.1 抖音的 12 个搜索关键词 / 199

7.2.2 如何布局短视频关键词 / 199

7.3 通过 A/B 测试找出最佳短视频类型 / 202

7.3.1 什么是 A/B 测试 / 202

7.3.2 怎么做 A/B 测试 / 205

第 8 章
完整案例剖析

8.1 案例背景及现状分析 / 212

8.2 从整体规划到实操过程详解 / 213

第1章

明确规则，摒弃不必要的观念

叶老师
对你说

没有疲软的市场,只有不正确的营销;没有倒闭的行业,只有倒闭的企业。

没有什么所谓的红利,任何时期都有红利,专业就是红利,当别人都不专业的时候,你专业,你就永远有红利。

企业做短视频,发布的所有内容都是为你的营销目的服务的。

用户数

困局突破⁷
创新赢利训战营
逆势增长

困局突破⁷
创新赢利训战营
逆势增长

这个世界变得如此令人困惑和不安，房子的价格似乎不再上涨，新能源车企用价格击穿用户心智，GPT 4 的出现还没让人缓过神来，OpenAI 就已经推出了 Sora。世界的变化如此迅速，让人难以辨别真假。当我们被时代无情抛弃时，甚至没有时间去感伤。

然而，近年来许多企业都被拉回到同一个起点，这对于一些人来说是多么的不幸和无奈。但对于更多的人来说，这或许是一个重新开始的契机。在这个变化万千的大环境中，我们必须敏锐地捕捉未来的趋势，明确自己的优势所在。大环境的趋势包括激烈的效率竞争、对流量的争夺、行业周期的波动以及人口结构的变化。

曾经，我们凭借信息差和认知差获取利益，但随着未来信息传播效率的大幅提升，这些差距将不再是我们的优势。同样的品质将取决于价格的竞争，而相同的价格则取决于服务的优劣。所有的表面功夫都将被识破，只有提供实实在在的服务并且高效运作，才能在市场中立足，那些坚持不懈地研究如何让线下零售店与客户更贴近、提供更优质服务的人，将在竞争中脱颖而出。服务行业也必须巧妙地利用线上工具进行宣传。"逛街"的习惯是否还能延续？生活习惯的改变是不可逆转的，我们不能再傻乎乎地抱有幻想，期待一切会自然而然地变好，时代的浪潮在来袭前不会提前告诉任何人。

试想一下，如果没有了短视频、直播、电商购物和线上支付等，我们还能轻易地适应过去的生活方式吗？我们除了接受和抓紧适应，别无他选。商业的本质是满足需求，商机在哪里？如何发现满足需求的新方式？其实人的各种需求一直在那里，商业机会的迭代，本质上是满足需求的方式的迭代。

所谓人在哪里，生意就在哪里。短视频蓬勃发展至今，现在努力，普通人也可能获得更好的结果。人生短暂，若无法抓住时代的红利，我们都将沦为平凡；我们要抓住大变革，想都是问题，干才是答案。

1.1 抖音是如何将视频推送给用户的

对于企业营销推送流量，了解抖音平台的推送机制和推送算法对实现变现具有重要的帮助作用，其中包括企业老板在抖音上获客引流的需求。深入了解抖音平台的推送机制有助于优化内容传播，提高内容的曝光率，并可以有效吸引目标受众。理解推送算法可以帮助企业更精准地定位潜在客户，提升推广效果，最终促使流量转化为实际收益。因此，对抖音平台的推送机制和推送算法有一个全面的认知，对企业在该平台上的营销推广至关重要。

本节我们将探讨短视频营销中一个至关重要的环节，即聚焦于抖音平台，深入了解其是如何有效地将内容推送给目标用户的。

本节分为 3 个主要板块，即大数据分析、信息分发和千人千面。很多人可能对这 3 个术语的确切含义感到困惑，下面就来详细解释每个板块的内涵。

1.1.1 抖音的大数据分析方法

大数据分析是通过收集、处理和分析大规模数据集，以揭示隐藏在数据中的模式、趋势和关联性的过程。其中涉及使用先进的计算技术和算法，从大量的数据中提取有用的信息。

以百度时期为例，人们获取信息的方式通常是主动搜索。例如，当某人想购买沙发时，他会使用百度搜索引擎，在搜索框中输入相关关键词，如"在深圳哪里能买到好的沙发"等，然后通过搜索结果找到相关的有效信息。

然而，在抖音时期，人们获取信息的方式发生了变化，如下图所示。人们不再是主动寻找信息，而是平台通过大数据分析，根据用户的兴趣、行为和偏好，将相关信息推送给用户。这种方式被形象地描述为"信息找人"，即平台根据用户的特征将内容主动呈现给用户，提高了信息的精准性，提升了用户体验。

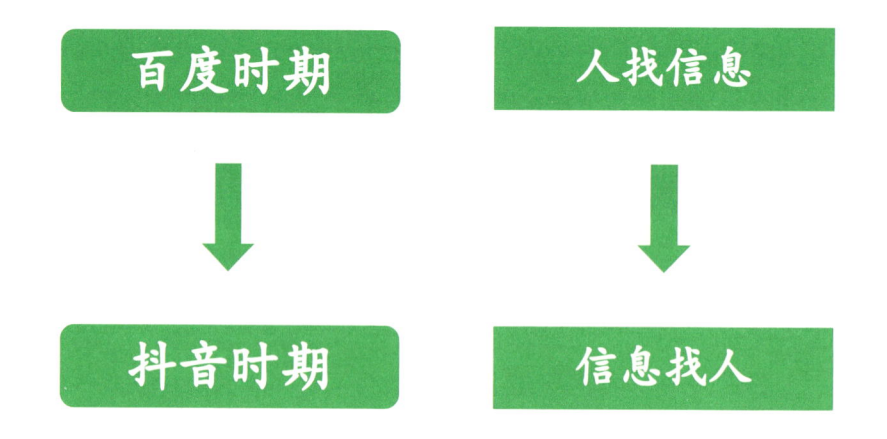

百度时期 → 抖音时期

人找信息 → 信息找人

抖音平台通过结合用户在不同时期、不同场景的兴趣爱好，实现了向用户推送准确信息。这种方式使得信息传递更加迅速。然而，从人们自行寻找信息演变为信息主动找到用户有一个核心关键点，那就是要找得准确。

在这个过程中，平台需要准确地把握用户的兴趣点。举例来说，如果用户喜欢沙发，那么抖音会有针对性地向其推送与沙发相关的视频；如果用户喜欢西瓜，那么抖音将优先推荐与西瓜相关的内容，而不是有关足球的视频。因此，关键在于确保对用户兴趣的准确洞察。

接下来，我们将分析抖音平台是如何做到如此准确的。抖音平台通过大数据分析，深度了解用户的行为模式、喜好和互动情况，运用先进的算法技术，从而将相关内容精准地呈现给用户。当用户接收到精准推送的内容时，会感到豁然开朗，提升了用户体验。

假设你的手机里没有安装"抖音"App，而此时你下载了这个App，那么系统可能在短短1秒钟内就能了解你对什么信息感兴趣。你或许会想，它是如何做到的呢？

假设你的手机里没有"抖音"App，但有一个名为"瓜子二手车"的App。你下载并使用"瓜子二手车"App，目的可能有3个：一是你可能想要购买车辆；二是你可能想要出售车辆；三是你可能对汽车有浓厚的兴趣。

这3种目的背后的行为在你使用"瓜子二手车"App的过程中留下了相关数据。这些数据被共享到大数据平台，而抖音识别出这些数据，当你打开抖音时，系统就会向你推送与汽车相关的短视频，如下图所示。

"买车卖车喜欢车" → 共享到大数据平台 → 抖音识别、推送汽车
的行为　　　　　　　　　　　　　　　　　　相关短视频

有些人可能会疑惑：如果我不使用"瓜子二手车"App，它怎么知道我的兴趣爱好呢？实际上，即使你不使用"瓜子二手

车"App，但你可能使用了其他应用，比如百度地图或高德地图，它们也在背后记录了你的位置、行为，这些数据同样会被用于精准推送你可能感兴趣的内容。

在当今的信息时代，我们使用的诸如高德地图和百度地图等应用，能够轻松地获取并分析我们的个人信息。通过对一个哥们儿每天从家（a点）到公司（b点），再从公司到家的行为进行观察，我们可以得知a点通常是他的家，b点则是他的公司。这个日常的往返行为使得这两个地点被系统标记为家和公司，a点可能是他所在的小区，而b点可能是一座写字楼。

然而，有一天早上，这个哥们儿没有按照惯例去b点，而是去了c点，并在那里待了2小时，系统就会记录下这个不同寻常的行为。c点被识别为一个快捷酒店，那么请问：这个哥们儿去了c点，究竟是出于什么目的呢？或许他有其他的社交活动，或者有其他不同寻常的事务需要处理。

这个例子表明，在大数据面前，我们的行为和动向都是透明的。我们的日常活动和选择都被这些应用系统记录下来并分析，使得我们几乎无法隐匿自己的生活细节。这也引发了一系列关于隐私和信息安全的讨论。

在这个信息时代，**大数据分析让我们的生活方方面面如同透明一般**。这种透明不仅仅体现于对我们的地理位置的了解，更包括对我们的财务相关核心信息的洞悉。通过一个例子，我们可以看到这种分析是如何进行的。

比如有一个人，他一个月的线上支付金额总共才17元，而另一个人一个月的交易金额高达1700万元。如果你要判断谁更有钱，显而易见，是后者。这表明通过大数据分析，平台不仅知道我们的财务状况，还了解我们的消费能力，从而判断出我们的经济水平。

在这个时代，如果你是一个月薪 3000 元的"打工族"，那么你几乎不可能在线上看到法拉利的广告。因为对于你来说，这样的广告推送是浪费资源的。通过大数据分析，平台还能了解我们的消费速度。当我们打开"美团外卖"App 的时候，系统就会记录下我们从点餐到结账的时间。有些人用 3~5 分钟就搞定了，这样的人被系统标记为"花钱速度很快"，于是系统就会推送更多线下和付费直播间的内容。而有些人可能在选择餐品上花费很长的时间，这样的人被系统标记为"消费速度较慢"，于是系统会相应地调整推送策略。

通过不同的人在决策过程中体现出来的消费速度，系统会为每个人打上标签，实现个性化的信息推送。这就是大数据分析的威力，通过对我们的生活方方面面的分析，为我们量身定制信息，提升了我们在数字世界中的体验。

1.1.2　抖音信息分发的实现途径

信息分发是在大数据分析的基础上，根据每个人在不同阶段、不同场景和不同时期的兴趣爱好，将个性化的内容精准地推送给用户。下面通过一个例子来说明。

一个小姑娘在结婚之前，可能对读书、咖啡、成长、郊游、旅行和美妆等感兴趣。抖音会根据其当前的位置和场景，推送与这些兴趣相关的内容。

这个小姑娘在结婚后，她的兴趣爱好可能发生了变化，关注的焦点可能转向家庭婚姻、夫妻感情、结婚生子、未来财务规划等方面。抖音会根据她的新兴趣，调整内容推荐，向她推送与婚姻生活相关的内容。

之后，如果这个小姑娘生了孩子，抖音会根据她的新身份，推送与怀孕准备、家里有宝宝的必备技能等相关内容。

通过分析不同的人在不同时期、不同阶段的兴趣变化，抖音实现了精准的信息分发，为用户提供更加个性化、贴合实际生活需求的内容推荐。这就是**信息分发的核心概念，即根据用户的变化和发展，为其定制合适的信息**。

1.1.3 如何理解抖音的千人千面

千人千面的概念十分简单，即不同的人有着不同的面貌和兴趣。在抖音平台上，每个用户收到的内容都是个性化的，根据其兴趣爱好、所处的阶段和场景需求而定。比如你与朋友同时打开抖音，但你们收到的内容会有所不同，这就是千人千面的实质。

在如今这个时代，这一机制已经变得无比精准。抖音结合每个用户在不同时期、不同场景的需求，通过信息分析和推送，将优质的内容准确地呈现给用户。相较于过去需要人去找信息的方式，现在用户无须费力，系统就会将精准的信息推送给他们，这为企业在抖音平台上的推广提供了良好的机会。

举例来说，过去在电话销售中，销售员需要通过大量的电话对销售对象进行过滤，找到感兴趣的潜在客户。这样的方式不仅费时费力，而且成本相对较高。然而，在抖音平台上，系统可以直接将产品信息推送给潜在客户，降低了成本和获客的难度。但是要实现变现，仅仅推送产品信息还不行，还需要确保推送给用户的内容符合其兴趣；如果用户对产品不感兴趣，则无法实现变现。

为了在抖音平台上实现高效获客，关键在于让抖音系统知道企业是做什么内容和产品的。系统通过对多个因素，如话题、标题、文字、图片、视频、场景、道具等，进行多重因果分析，识别企业的内容和产品，从而形成创作者标签。一旦系统确定了企业的标签，就能够精准地将产品信息推送给目标用户，实现获客引流。

抖音实现高效获客的底层逻辑如下图所示。

抖音实现高效获客的底层逻辑

你们公司是做什么「内容」、做什么「产品」的 → 把你的产品内容推到「用户」面前 → 「获客成交」

总的来说，通过大数据分析和信息分发，千人千面构建了一个高度个性化的抖音生态系统，为企业提供了有效的获客机会。

1.2 短视频养号背后的"真相"

本节将讨论在抖音营销中是否需要养号的问题。所谓的养号指的是在抖音平台上进行一系列操作，类似于养花、养草、养鸟、养鱼的概念。在线下课程中，学员们在课前常常感到焦虑，提出诸如"老师，我的流量不高，粉丝不精准，是不是我的账号没有养好？"的问题。他们会怀疑自己的设置是否正确，是否有遗漏的动作，是否需要调整账号以提高流量。然而，我要告诉大家的是，在抖音营销中不需要特意养号。

下面将介绍抖音养号的一些传言。这里旨在揭示抖音营销的真相，不要将抖音营销视为某种神秘的玄学。记住一句话：**抖音营销是数学，它并没有那么神秘**。

1.2.1 抖音养号的九大传言

1. 选择横屏拍还是竖屏拍对流量影响大

很多学员疑惑地问："我的短视频流量不高，是因为我横屏拍或竖屏拍吗？老师，您能告诉我，到底是横屏拍流量高，还是竖屏拍流量高呢？"

我的回答是，如果视频内容不好，那么无论是横屏拍还是竖屏拍，流量都不会高。而如果视频内容优质，那么无论是横屏拍还是竖屏拍，流量都有可能很高。横屏拍的特点是可以展示更多的场景、更好的氛围和画面，长视频和中视频大多采用横屏拍，因为可以呈现更多的信息文字元素；而竖屏拍更突出人物的表现力，多数用于口播类短视频。这只是拍摄方式的区别，与流量没有直接关系。

2. 在养号的过程中不能直接连赞

有些老师可能会告诉你，在养号的过程中不能直接连赞。所谓连赞指的是你在看到短视频后，进入博主的账号，发现很喜欢他的内容，于是给他的每条短视频都点赞了。这样做是否会影响你的流量呢？实际上，连赞并不会直接影响你的流量。

3. 不能连接公司的 Wi-Fi

在养号的过程中，有一种具体的说法是不能使用公司的 Wi-Fi，因为在连接公司的 Wi-Fi 后，抖音系统可能会判定这是一个营销账号，从而不给流量。我要强调的是，这样的说法是没有依据的。抖音的产品经理不会制定这样的规则，给不给流量与连接的网络无关，公司的 Wi-Fi 是无辜的。

抖音并没有设立规则，认为使用公司网络的账号就是营销账号，从而限制其流量。因此，使用公司的 Wi-Fi 不会影响抖音账号的流量。上面的说法只是在养号过程中存在的一种误解，大家可以放心使用各种网络环境。

4. 老号不能用来做营销

这里的"老号"是指已经存在并使用了半年以上的账号。有些人可能担心：如果之前这个账号只是用来发一些普通内容，或者什么也没发，现在想用它进行营销，那么是否可行？我要告诉你，老号是可以用来做营销的。

我的很多学员都使用老号成功地进行了营销活动，比如真北老曾、沈岚说、上海航空和中国移动等。这些账号之前已经被使用了半年以上，但在重新使用它们进行企业营销时，并不会影响后续流量。因此，你可以放心地使用老号进行营销活动。

5. 手动打标签

手动打标签是在养号过程中经常出现的一种说法和方法。具体来说，就是通过一些操作，比如连赞、为同行的视频留言、每天固定刷几个同行的作品、对某些账号进行关注和发布评论等，为自己的账号打上标签。以卖沙发为例，通过这些手动操作，可以使账号被认定为与沙发相关。

基于我的行业经历，我可以明确地说，这种说法并不科学。为什么说手动打标签并不是一种有效的养号方法呢？对于"标签"这个词，我们从创作者和平台用户两个维度来讲。

从创作者的角度来说，标签分为创作者标签（也被称为账号标签）和作品标签。创作者标签：一个账号被系统判定为某一领域的创作者，比如萌宠、剧情、数码等，只有进行长期的内容创作和用户行为积累，才会有创作者标签。作品标签：是系统通过对创作者在平台上发布的作品进行识别，以及相关兴趣标签用户对作品的行为反馈（点赞、评论、收藏等）综合评判给出的。

从平台用户的角度来说，所谓的标签是指系统根据一个用户喜欢关注哪些类型的作品，通过平台上的互动、停留等一系列数据，持续推送用户感兴趣的内容，这里被定义为用户标签。

比如平台给你的账号打上萌宠创作者标签，那么你所发布的作品会被优先推送给对萌宠类目感兴趣的用户人群。

所以说连赞、为同行的视频留言等行为，只能帮助系统判断你对这个领域感兴趣，从而为你推送更多相关作品，而对你在创作作品时想吸引更多的用户没有一丝帮助。

6. 不能互粉

互粉指的是企业在做账号时，与粉丝进行相互关注，也被称为"互关"。有一种说法认为，如果你与粉丝相互关注，那么对账号的权重和流量会有负面影响，导致账号不够精准，没有养好。然而，我要告诉你，这种说法是不正确的。

在我的营销体系策略中，互关是一个非常重要的转化动作，而且不会对账号的流量产生负面影响。

7. 不能投入 DOU+

DOU+（抖加）是一种付费的流量策略，在流量较低的情况下，通过投入一定的资金来增加短视频的播放量。例如，花费 100 元就能获得额外的 5000 次播放量。这种付费流量的专业术语叫"抖加"，也被称为 CPM（千次曝光计费）。

有些老师可能会教导学员不要轻易使用这种付费的流量策略，因为一旦投入，系统可能就会将你识别为付费流量用户，后期即使你的短视频再好，自然流量也可能会减少。然而，我要强调的是，并不会出现这样的情况，投入 DOU+并不会影响后续自然流量。

8. 短视频只有 500 次播放量，证明被系统限流

如果你的短视频只有 500 次播放量，那么有人可能会认为系统对你进行了限流。其实这种说法并不科学。

限流意味着一个流量都没有，500 次播放量并不代表被系统限流了，它只代表系统在一开始给了你的作品 500 个曝光机会，将你的作品展示给了 500 个人，但是这 500 个人对你的作品并不感兴趣，他们可能没有看完、没有点赞，也没有评论和分享。系统根据这些反馈判断这条视频的内容可能不够好，因此就不再给更多的人展示了。所以，500 次播放量只能代表视频的内容质量一般，并不代表被系统限流了。

9. 抖音要变天了，抖音要改变政策了

经常有人在抖音上传播一些关于抖音要变天了、要改变政策了等言论，这会让一些从事抖音营销的人感到焦虑。他们可能担心自己的方法不再适用，或者自己所在的行业会受到影响。请记住，抖音并不会频繁变天，也没有那么多突然改变政策的情况。

大家不必过于担心，而是要学习使用正确的逻辑和方法。养号是一项长期的工作，需要稳定而持续的努力。如果你使用的是正确的方法，那么就不必担心抖音会频繁发生大规模变革。相信自己的策略，继续努力，才有可能取得长期的稳定效果。

1.2.2　抖音养号的正确方法

在养号的方法中，做好内容是最关键的一点。

企业在抖音上做营销，想要获得更多的流量，不妨自问：我想

要抖音给自己流量,那么我能给抖音什么呢?

抖音需要你持续不断地输出内容,尤其是优质内容。如果内容好,流量就会增加;反之,如果内容不佳,流量就会减少。发内容就有流量,不发内容就没有流量。抖音和你之间是相互扶持的关系。因此,总体而言,那些看似神秘的养号方法并不是做抖音营销的核心。其核心在于持续输出优质内容,这是获得稳定流量的关键。

通俗地讲,从发视频和刷视频的角度来看,抖音账号有两个标签,即创作者标签和兴趣标签。平台用户在发视频的时候是创作者的角色,平台用户在刷视频的时候会根据自身的兴趣观看他人的作品,是兴趣用户的角色,它们互不影响,如下图所示。创作者标签表示你是什么行业的创作者,而兴趣标签表示你作为抖音用户在平台上喜欢看什么内容。

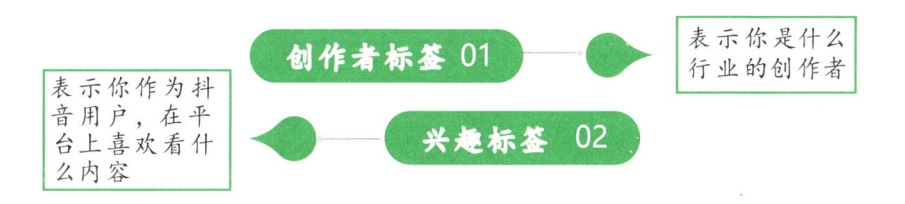

创作者标签 01 —— 表示你是什么行业的创作者

兴趣标签 02 —— 表示你作为抖音用户,在平台上喜欢看什么内容

有些老师传授的互关、互赞等方法在这个逻辑下并不成立。例如,为同行账号点赞,系统只会提供你喜欢的内容信息,而不会影响你的创作者标签。如果你喜欢美女,那么系统为你打上的兴趣标签就是"喜欢美女",但这并不会影响你的业务。

比如你卖沙发,为了让系统知道你的业务,你需要在发布内容时,按照一种特定的方式告诉系统你的创作者标签,这样系统就会为你打上相应的标签。

在抖音平台上操作时，要清楚创作者标签和兴趣标签的区别，以避免采用一些不科学的养号方法。大家在遇到抖音营销问题时，建议要听取官方的意见，而不是用一些老师的"野路子"。

抖音官方曾发布过辟谣视频，大家可以搜索观看。**在抖音上，做好内容是最为重要的养号方法**。只有不断输出优质内容，才能在抖音平台上获取精准的流量。

这里分享一些学员的案例。

有一位学员专注于美业连锁加盟，他的成功之道在于站在用户的角度思考问题，围绕用户需求和难题输出内容，从而吸引精准的人群。总结来说，抖音并不复杂，少研究玄学和算法，多研究用户需求才是关键。

抖音上还有一个名为"沈岚说"的账号。其从事高端艺术品销售，客单价相当可观，每场直播都能成功售出多件产品。其之所以成功，并不是因为研究了玄学和养号，而是将宝贵的时间和精力都用在了研究用户喜欢的内容上。其了解用户在购买高端艺术品时面临的问题，并通过输出内容解答用户的困惑，达到了提供优质内容的效果。在抖音平台上做好生意的核心逻辑是先交朋友再做生意，通过帮助他人实现自己的目标。因此，通过提供优质内容，解决用户问题，才是实现成功的王道。

最后，希望大家不要过于相信和研究一些关于养号的玄学，包括一些奇怪的上传方式、互关的规则等。当你的流量和内容出现问题时，要多找找自己的原因，看看自己的内容是否符合用户的喜好，而不是归咎于养号的方法。

1.3 通过 3 个误区找到抖音获客变现的核心

在抖音平台上进行变现存在一些误区。我们都知道，即使在正确的道路上慢慢前行，也比在错误的道路上奔跑要强。然而，很多老板似乎在抖音营销这个赛道上一直在错误地狂奔，这是一种令人担忧的现象。在做事情之前，我们强调谋定而后动，厘清思路后再行动永远不算晚。在抖音平台上，如果我们的唯一目标是变现，那么粉丝数量多少是可接受的呢？或许我们只有 3 万个粉丝，但变现效果非常好，这难道不是做抖音的最初目的吗？

然而，我们在做抖音的过程中可能会迷失方向，陷入一些误区。下面将引导大家逐一避开这些误区，然后进一步明确做抖音获客变现的核心。

1.3.1　90%的老板会陷入的 3 个变现误区

误区 1：直播间人数多就能赚到钱

实际上，仅仅拥有庞大的直播间观众数量并不代表就能赚到钱。即使直播间人数从 100 人增加到 1000 人，如果这些人不购买产品，那么实际上也不能实现变现。商业的本质在于吸引用户，而不是单纯地追求人数的多少。

例如，有一位高端女装行业的学员，拥有 200 万个粉丝，但平均在线人数只有 3 万人。为什么呢？因为她之前的粉丝是靠变装视频积累的，这些用户并非真正潜在的购买群体，而是一些对购物不感兴趣的"抠脚大汉"。可见，人数的多少并不是决定变现效果的关键。我们需要关注观众的精准性，只有吸引到潜在的购买群体，才能实现变现的目标。

通过以上讨论，我们要认识到，在抖音平台上**精准重于数量，只有精准才能实现转化**。

希望大家能够理解并避开这个误区，更好地进行抖音营销。我经常说：没有人会在澡堂子里购买汽车。同样，如果只追求直播间观众数量，那么你可能会陷入这个误区。虽然有人愿意花钱去学习提升直播间人数的方法，但这并不意味着人数多就能够成功卖出货。事实上，观众数量的增加并不一定等于实际的变现，这是需要注意的。

误区 2：粉丝数量多就能赚到钱

有人可能认为拥有 20 万个粉丝就能够实现变现，但这种想法可能是一种幻觉。粉丝关注你，并不一定代表他们愿意花钱支持你。粉丝质量对于变现至关重要,拥有几百万个甚至上千万个粉丝的大V账号无法实现变现的比比皆是，而仅仅追求粉丝数量可能不是最明智的选择。

误区 3：视频经常上热门就能赚到钱

视频是否经常上热门与能否赚到钱之间并没有必然的联系。想要视频上热门并不是难事，但视频上热门并不意味着就能够赚到钱。选择高频输出内容，与观众建立信任关系，提升观众的购买欲望，可能是更明智的策略。

总的来说，要清楚一件事情：在直播领域，追求视频上热门并非唯一的成功路径，而关注粉丝的质量、建立信任关系以及高频输出内容可能更为重要。

大家是否熟悉张琦老师呢？初次接触他的短视频可能会觉得内容一般，然后会慢慢地被其深刻内涵所吸引。其中的逻辑是什么呢？实际上，高频输出的效果很明显，这也适用于销售产品。

用户第一次看到你的短视频，可能会对你的产品感兴趣，但尚未购买。在接下来的时间里，如果用户频繁看到你的相关内容，那么在不同的阶段可能会产生不同的反应，最终做出购买决策。因此，高频输出决定了观众的信任程度，信任则决定了他们是否愿意购买。

企业在抖音平台上的经营策略不应该是只追求那些小概率的爆款视频，而是应该注重高频、持续地输出作品，以建立观众对品牌的信任，从而推动其产生购买行为。

对于视频经常上热门是否就能够赚到钱的问题，我想告诉大家真实的情况是，上热门是一个小概率事件，不值得过分追求。在抖音运营中，更重要的是要保持内容的高频输出，以保持观众的关注和信任。下面给大家分享一个故事。

作为字节跳动的前市场运营负责人，我曾经参与过一次市场活动。在通常情况下，我们的活动会使业绩增长10%左右，但这次活动使业绩出现了15%的增长，多出了5个百分点。

在会议上，张一鸣老师突然指着我问道："旭东，你们这场活动做对了什么，才实现了业绩的增长呢？"我回答说："没做对什么啊，跟原来一样。"张一鸣老师让我再说一遍，我坚持说没有什么改变，就是跟之前的活动一样。他说："也就是说，你不知道做对了什么，业绩却突然增长了，是吗？"我承认是的，我并不知道是哪里出了问题。

张一鸣老师告诉我说，他不要爆款的突然增长，而是希望看到稳定、持续的业绩提升。他强调一个成功的企业不是追求小概率事件，而是追求稳定的增长。

这次会议给我留下了深刻的印象，企业成功的关键在于稳健的经营和持续的提升，而非依赖偶然的爆款。

正是如此。企业进军新媒体，就好似马拉松长跑，拼的不是一味地冲刺，而是持续不断地前进，厚积薄发。企业追求的是长期主义，是稳健的增长，并非短期内的爆发式成功。我们不应该过于追求所谓的爆款视频，而是要注重内容的高频输出。

直播间人多、账号粉丝多、视频上热门都未必能实现变现。那么，究竟如何才能实现获客变现呢？简单来说，关键在于6个字：有流量，快转化。

1.3.2 抖音获客变现的核心：有流量，快转化

在抖音平台上获客变现的核心就是拥有足够的流量，并且能够迅速将这些流量转化为实际的销售。化繁为简，这就是成功的关键。这也应该是企业做抖音短视频的目标，如下图所示。

做抖音短视频的目标

有流量
持续**高频输出内容**
持续**获得精准流量**

快转化
快速**建立链接**
获取信任**成功成交**

在抖音营销中，我们需要高频、持续地输出内容，以获得精准的流量，这样可以确保在线上有流量。当流量到来时，关键是要进行快速转化，这是抖音营销的核心。为什么强调快速转化呢？因为抖音的流量来得快，去得也快，用户刷到你的视频，产生购买意愿，但是你在抖音上转化速度很慢，没有及时建立链接，结果下一秒用户刷到别人，就与别人成交了。

有一位学员在总裁班上分享了他的经历。为了在抖音上做宣传，他特意花重金聘请了一位运营人员，通过一段时间的账号运营，流量确实迅速上涨了，很多人留言和私信。老板注意到这种情况，立刻安排企业客服进行回复，但是留言和私信能回复的少之又少，最终没有实现变现。通过电话询问，我发现他卖的是挖掘机，但是在账号上竟然没有留联系电话。我打电话给他，演示了用户来访的场景，他才意识到转化的重要性。最后，我给他提出了优化建议。

上面解释了**抖音变现的逻辑，即在流量到来后，要快速转化**，而很多人错失了这个机会。与百度销售的情况类似，抖音的任务是在用户看到内容后实现快速转化，而不仅仅是吸引流量。很多企业在这一步出现了问题，要么没人接电话，要么转化速度太慢，错失了商机。

总之，抖音变现的核心是在流量到来时快速转化，通过电话、私域引流等方式，将潜在客户引导到最终的成交环节。追求虚的泛流量、爆款视频或粉丝数量并非是最重要的，唯有快速转化，才能真正实现抖音营销的成功。

1.4　从企业做抖音的 5 个大坑，看企业做抖音靠什么

在本节中，我们将深入探讨企业在做抖音时可能会遇到的 5 个大坑，这些坑是基于真实的案例总结出来的。通过分析案例，我们可以了解企业涉足抖音可能会面临的挑战，更好地规划企业在抖音平台上的运营策略。

1.4.1　企业做抖音的 5 个大坑

在抖音运营的过程中，企业必须小心避开 5 个大坑，如下图所示。因为一旦陷入其中，将会导致时间和金钱的双重浪费。

企业做抖音的5个大坑：

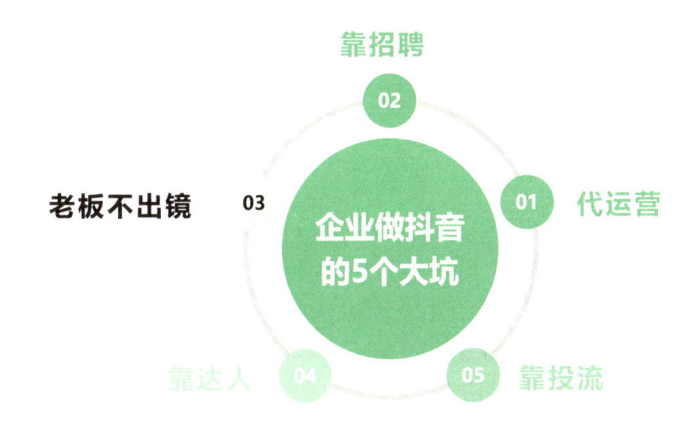

- 01 代运营
- 02 靠招聘
- 03 老板不出镜
- 04 靠达人
- 05 靠投流

1. 代运营

这几年，我们看到身边的同行纷纷加入抖音的阵营，但是他们的专业水平并不十分高超，抖音运营做得也并不好。

或许有人会问：为什么不找一个有经验的人来代运营公司呢？这似乎是一个不错的选择。然而，这并非唯一的道路。无论是花钱还是不花钱找人代运营，都不是绝对的解决之道。市面上存在一些代运营公司，它们声称能够确保你的短视频播放量。甚至有些公司会向你保证每条短视频都能达到100万次的播放量，但不能保证相应的变现金额。

有些老板可能会被这种承诺所吸引，但要注意，这种代运营公司往往利用"抖加"来操作。简单来说，你拍摄了一条短视频，它只有500次播放量，但是你可以通过支付一定的费用，比如100元，将播放量至少提高到5000次。而有些代运营公司会用你支付的30万元去投放"抖加"，但实际上只花费了20万元，剩余的10万元成了其利润。

因此，大家一定要警惕，越是小白越容易被所谓的"专业选手"

欺骗。**企业在找人代运营时，要远离那些操作不明确的代运营公司，以免陷入风险中。**

2. 靠招聘

企业在做短视频时，还会遇到靠招聘这个坑。很多老板都希望进入抖音等短视频平台，于是开始通过内部招聘组建专业的新媒体营销团队。然而，这一做法存在一系列问题。在内部招聘中，可能会将不擅长短视频运营的员工调配到这个岗位。例如，公众号文案人员可能会被要求拍摄短视频，但他们并不具备相关技能。

一个具体的案例如下。

某公司进行内部招聘，做抖音运营。在选人时，大家认为员工小王比较合适。小王平时开朗、乐观，积极参加年会活动，在公司内大家都认为他很有才艺，于是小王被安排从事抖音运营工作。但是他不懂抖音短视频的拍摄、剪辑等运营专业流程术语，不具备相关技能，他变得很焦虑，无法很好地完成这项工作。在领导和同事的鼓励下，他尝试了几个月，没有起色，于是提出辞职，导致企业既损失了员工，又耽误了几个月的时间。企业内部常常出现"显眼包"——积极参加企业年会主持，并参与其他演出活动的员工，这些员工可能给人们一种感觉，觉得他们很适合做短视频运营，于是他们被安排做短视频运营工作。但是由于他们缺乏专业能力，最终难以取得成果。

此外，从外部招聘专业人员也会面临诸多挑战，比如：他们通常使用大量的专业术语，让不熟悉业务的老板感到困惑；他们通常要求有较高的薪酬，而且可能不稳定，容易快速离职，从而造成企业资源的浪费。

企业在拥抱抖音等短视频平台时，需要注意招聘和代运营可能存在的问题。老板需要对抖音等平台有着正确的认知和理解，以便更好地招聘和组建适合的团队。招聘和代运营并不是解决问题的根本之道，而是在老板自身对平台了解不足的情况下可能导致的坑。

3. 老板不出镜

老板不出镜指的是在企业的宣传和运营中，老板不亲自参与展示和代言。老板不出镜可能有 3 个原因。

- 老板可能低估了优质短视频的经济价值，对其潜在的利润不够了解，因此选择让员工代替其出镜。
- 老板可能因为表达不好或缺乏自信而选择不出镜。
- 老板可能很忙，没有时间亲自拍短视频，因此将这项工作交给员工来做。

我们看一个案例。

一家皮肤管理中心的老板在尝试通过抖音销售皮肤管理套餐时，选择让员工小红出镜，结果小红的账号意外爆火，卖出了大量的套餐。这个账号从开始发作品到后面直播，都是小红出镜的，根本没提背后还有老板，导致进店的顾客都以为小红是老板。

久而久之，小红觉得自己每天出镜拍视频和直播，为企业创造这么多利润，但自己的提成与之不成正比，甚至萌生了自己就是这个店的老板的幻想，最终和老板翻脸索要赔偿，否则就要注销账号。对于这种问题，如果老板能够出镜，并约束好账号关系，是能够避免的。

格力电器董事长董明珠认为企业老板应该高调出镜，展示其对产品和企业的了解，并强调在新媒体时代企业老板出镜的重要性。她认为只有老板高调出镜，企业才能在市场上获得更多的客户，取得更好的业绩。

总的来说，老板出镜可以确保企业在新媒体时代能够得到更好的宣传和运营。

4. 靠达人

完全依赖达人而没有自己的账号，这是最大的坑。达人指那些拥有大量粉丝的社交媒体博主，比如有 100 万个粉丝的博主。如果企业只靠这些达人进行宣传和探店的话，则会面临一系列问题。例如：

- 达人的粉丝来源不明，这些粉丝可能是通过达人发布的各种内容被吸引来的，而企业并不清楚他们的真实性以及他们对产品的认可度。

- 如果企业的产品和门店高端，而达人在宣传时未能理解产品调性，则可能会拍摄出与企业形象不符的作品，影响品牌形象。达人的宣传往往以一套固定的脚本模式进行，在折扣和宣传词上可能过于夸张，导致产品被低估。此外，拍摄完成的作品通常会被发布在达人的账号上，而不是企业自己的账号上，这就导致企业无法充分利用这些优质内容进行品牌建设。

- 虽然达人的宣传可能会吸引流量，但是给予达人的车马费、探店费等也是一笔不小的开支。因此，企业在拥抱达人宣传的同时，也应该建立自己的社交媒体阵地，充分利用自有账号进行品牌宣传。企业不要完全依赖达人，以免成为他人流量的来源，无法实现品牌的自主传播。

总之，企业在做抖音运营前期，要先搭建账号和拍摄视频。企业在拥有了一定数量的粉丝，并跑通了自身变现路径之后，如果想在此基础上进行流量的扩充，则可以考虑建立粉丝模型，并与跟企业目标客户类似的达人合作。

5. 靠投流

许多人认为，虽然作品质量不高，但是只要投放足够多的流量就能取得好的效果。他们认为，只要花钱在抖音上投放广告，就能够迅速提高播放量，抖音平台也会保证播放量的提高。然而，这样的做法忽略了用户的真实感受。

在追求高播放量的过程中，有些人可能会将低质量的视频通过投流的方式强制推送给用户。这样做虽然能够提高视频的播放量，但是会让用户对视频的质量感到失望，甚至会影响用户的观感。用户看到这么差劲的视频，甚至会对抖音平台产生负面印象。

事实上，在内容本身优质的基础上，投流是锦上添花，可以更好地吸引用户。比如公司有两个产品，公司当然会选择为好的产品投流。与之类似，好的内容是吸引用户的关键，而将流量投放在低质量的内容上，反而是在加速向用户展示公司的不足之处。因此，**在进行投流时，务必要保证内容的质量，否则可能适得其反，引起负面反应**。

1.4.2 做抖音短视频靠什么

上面我们讨论了企业在抖音运营中可能会遇到的 5 个大坑。企业老板需要认识这些坑，并寻找自己的避坑方法。

最重要的是，在抖音运营中，企业不应该只依赖外部的代运营公司或达人，而是要建立自己的社交媒体阵地，拥有自己的账号，并注重内容的质量。过度依赖投流，虽然在短期内会提高视频的播放量，但是忽略了用户体验，那就舍本逐末了，得不偿失。

总体而言，**企业在抖音运营中需要自主思考、积累经验，最终通过自己的团队的努力，获取到精准的流量并快速转化**。本书后面会进一步探讨如何靠自己获取到精准的流量，实现有效的转化。博商及其学员的成功经验表明，靠自己的团队努力学习和实践，才是取得成功的正道。

第2章

团队搭建：
科学调整人员结构，
通过激励提高效率

叶老师对你说

> 世界上最伟大的 3 个字：试一试。

> 当我们借鉴不了同行的时候，我们就可以跨行业借鉴模式，行业头部都在借鉴模式。

> 任何信任都是一步一步建立起来的，老板 IP 也是。打造老板个人 IP 的核心：一个是时间，一个是事件。小信任在短视频中，大信任在直播间中。

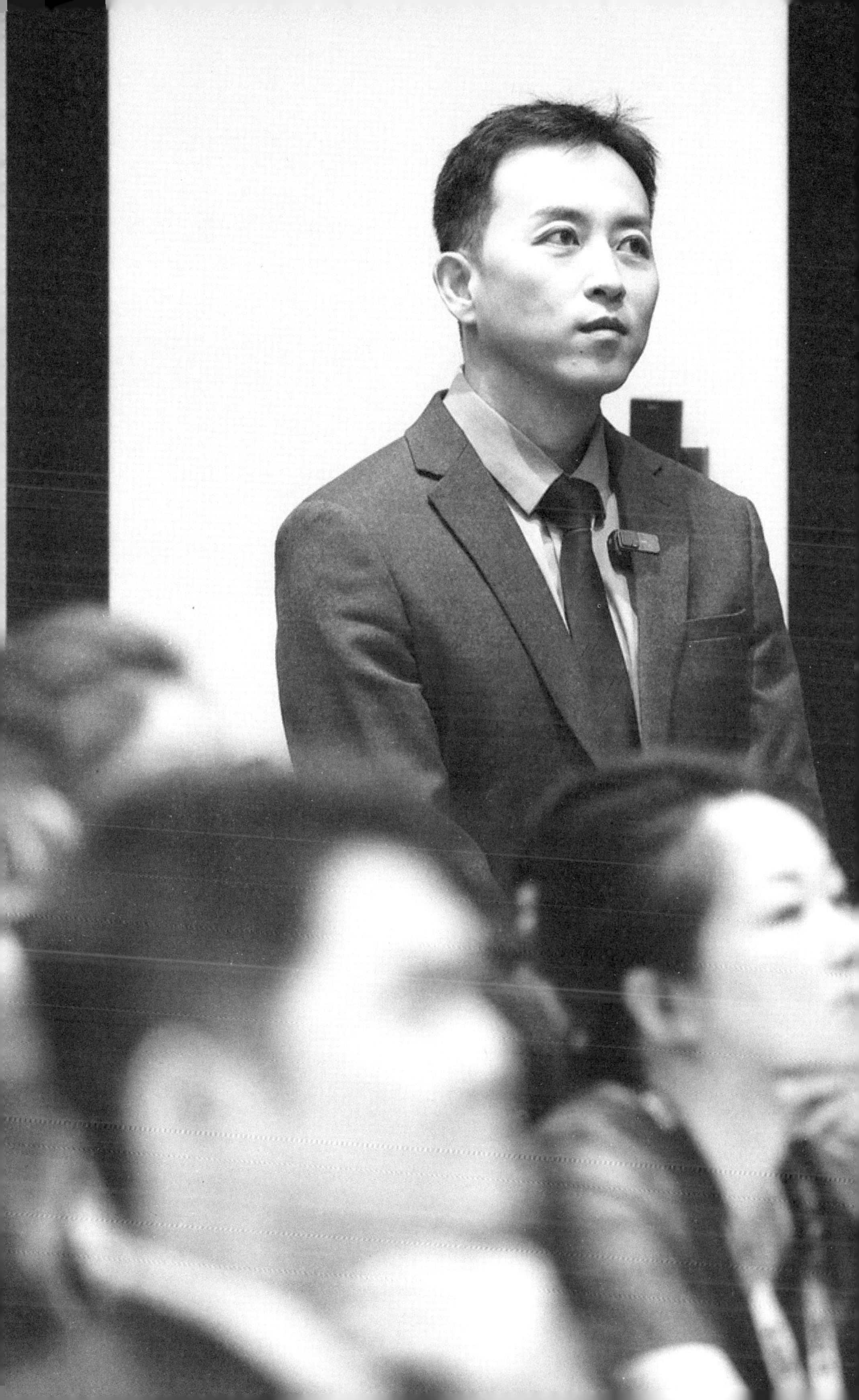

大多数的实体企业老板没有足够的时间去研究选题、文案、拍摄、剪辑等细节，这时应该选择小团队入局，还是豪华队伍开工？该如何为不同岗位的人员设定考核标准和合理的绩效指标？其实搞清楚流量和变现之间的关系，就能知道企业组建团队初期到底需要什么样的人了。

2.1 短视频团队如何搭建和考核

在本节中，我们将重点讲解短视频团队如何搭建和考核。

2.1.1 商家短视频团队搭建实操案例

首先，我们来看一个案例。这个案例是关于博商学院的一位学员——梁老板（一箱办站长）的。梁老板的业务是塑料袋定制印刷，他拥有自己的工厂。在抖音平台上，他成功实现了自己所期望的结果，在短视频流量增长和变现方面也取得了很好的成绩。

我们来看一下他的账号。他在起盘阶段就进行了多人物布局，并创建了多个账号，如下图所示。

他的视频使用了黄底黑字的醒目标题，这正是经过不断测试（A/B 测试）得出的结果。同时，他的短视频流量都非常高，这引起了很多人的好奇，大家纷纷想知道他的短视频拍得怎么样，会呈现出什么样的效果。

一个做塑料袋定制印刷的短视频团队——箱办站长

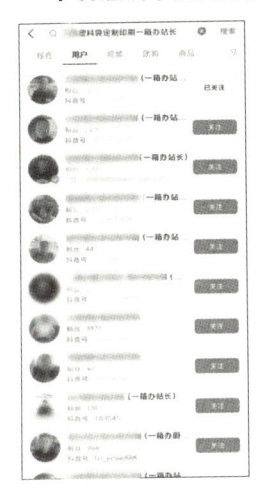

现在我们回到主题，探讨他是如何搭建团队的。

（1）第1个月

在账号启动的第一个月，他就成功地组建了短视频团队，这些团队成员并非外部招聘的，而是他自己的员工，这些员工主要来自行政岗位和站长岗位。他不仅拥有自己的员工，还设定了奖励机制，包括任务完成奖励和爆款视频奖励。

他设定了一个连续21天发布短视频的奖励机制：员工只要连续发布短视频并且其中出现爆款视频，就能平分奖金池的奖励，还有机会获得额外的奖金奖励。奖金池的总额被设置为3000元。如果单条短视频的播放量突破了10万次，他会额外奖励2000元。通过这样的奖励机制，他在一个月的时间里只花费了5000元就取得了很好的效果，其中一个账号在涨粉获客方面表现突出。

（2）第 2~4 个月

在第 2~4 个月期间，他持续优化作品质量，通过 A/B 测试最终确定了我们现在看到的视频呈现方式：第一个场景展示工厂的现场生产过程，并使用黄底黑字的标题样式；背景音乐不是常用的音乐，而是工厂生产的原声；视频时长控制在 30 秒以内是效果最好且流量最高的。整合这些测试结果，他成功优化并布局了短视频内容。

在优化和布局优质内容之后，其团队开始进行矩阵拓展。他们招募了更多的站长，搭建了更多的账号，从 1 个账号裂变为 25 个账号，其中有 10 个账号的流量非常高。

（3）第 4 个月至今

从第 4 个月至今，他不仅通过抖音平台实现了获客和升级，还成功通过多种方式实现了变现，包括视频带货（卖塑料袋）、知识付费（学员培训）和招商加盟。同时，他们利用老师讲授的知识付费方式，成立了一个新媒体营销培训基地，成功转变为培训讲师，开始招募学员，收取培训费，培训其他同行在抖音上进行业务运营。这种方式不仅能支持其团队持续进行矩阵拓展和获客变现，还能帮助其持续产出短视频。

一箱办站长团队的整个发展过程如下图所示。

发展过程

01 第1个月
- 团队组成：自己的员工（行政岗位+站长岗位）
- 奖励机制：完成连续21天发布短视频的任务，平分奖金池奖励3000元；单条视频播放量突破10万次，额外奖励2000元
- 效果：共花费5000元，其中一个账号表现突出

02 第2～4个月
- 测试形式：通过A/B测试确定最终形式——现场生产场景展示、黄底黑字、工厂原声、时长为30秒以内
- 矩阵拓展：招募站长，搭建矩阵账号，裂变为25个账号，其中10个账号流量非常高

03 第4个月至今
- 实现了多种变现方式
- 成立新媒体营销培训基地
- 招募学员，收取培训费
- 持续进行矩阵拓展和获客变现，产出短视频

通过这个案例，我们可以得出以下结论：在组建团队时，并不一定要从外部招聘专业人员，可以利用现有的内部资源组建团队；同时，通过设立奖励机制，可以激发团队成员的积极性和创造力；优化内容和进行 A/B 测试是提高短视频质量和流量的有效方式；矩阵拓展和多种变现方式的结合可以实现更大的商业价值；最后，通过分享经验和知识，可以将自己的团队打造为培训基地，进一步扩大影响力，提高收入。

这个案例给我们提供了许多启示，可以在实际运营中借鉴和应用。

2.1.2 短视频团队的岗位设置

在团队中，各成员间一定会呈现不同的水平，因此要进行合理的岗位设置，短视频团队也不例外。我们先来看以下表格。

常见短视频团队岗位设置及职责

岗位	职责	能力要求
策划	确定账号的整体IP创意、人设创意。一个策划一般服务于多个账号，为账号创意出谋划策	能现场根据变现路径策划出有创意的IP，要求有差异性、传播性
编导	全能型岗位，负责账号IP策划、内容方向确定、单期视频选题策划、剧本编写、拍摄、剪辑、服化道、演员的演技调整等全流程工作	所有关于视频内容的相关能力都要掌握
文案撰写	主要负责短视频选题的确定，文案或脚本的撰写，一般负责口播类视频文案的撰写，以及配音型视频文案的撰写	选题能力，根据变现产品确定选题并撰写能够制造共鸣感、好奇感、获得感、同情感、羡慕感等常见情绪的文案
拍摄剪辑	一般情况下，短视频团队的拍摄和剪辑由同一人负责的情况较多，还要兼顾灯光、服化道、后期特效等任务。该岗位扮演着视频二次创作者的角色，决定了剪辑节奏	熟悉设备使用、软件使用，能够根据文字提示拍摄写实或写意的镜头。常见面试问题："举头望明月，低头思故乡"如何通过镜头语言表达
运营	涉猎非常广的岗位，从策划到内容，再到数据增长，全流程都要涉及。成熟短视频团队的运营岗位偏重于选品、业务对接、数据分析和商业投放	平台调性、数据分析、内容制作、选品渠道、文案策略、后台操作等，几乎都要懂

如果是一家大公司，预算充足，并且希望大力进行品牌推广，那么在起步阶段，可能会为每个核心岗位配备一个团队，每个团队中有许多员工。然而，许多初创企业没有那么充足的预算，更希望通过小步快跑的方式不断测试，再进行裂变，这些岗位在某种程度上也可以由同一人来负责。

接下来，我们来列举短视频团队必不可少的4个岗位，如下图所示。

短视频团队必不可少的4个岗位

1 平台规则解读人员

2 内容策划、拍摄、剪辑人员

3 客户承接人员

4 直播运营人员

- **平台规则解读人员**：负责解读平台规则。平台规则不断变化，该人员需要持续了解规则，否则可能因违反规则而让团队遭受损失。

- **内容策划、拍摄、剪辑人员**：负责短视频内容策划、视频拍摄和剪辑。强烈建议由一个人或一个团队来负责内容策划、拍摄和剪辑的闭环工作，这是最高效的方式。在许多公司中，拍摄和剪辑是由两个人完成的。

- **客户承接人员**：客户承接是非常重要的岗位，主要负责快速转化。我们的目标不仅是获取流量，还包括在流量到来后与客户进行接洽和沟通，因此需要安排一个专门的人员，负责直接与客户沟通并解答客户的问题，或者将线上的交流转移到线下，从而促成交易。

- **直播运营人员**：直播运营人员也被称为场控。在直播过程中，场控需要不断配合主播，支持主播的活动，提出问题，并对评论区进行管理。

虽然账号运营的全流程可以由一人负责，但一个优秀账号的运营通常需要多人配合，岗位如何设置取决于企业的具体情况，需要进行相应的设计。所以，一个短视频团队到底需要多少人，因企业而异。

比如，就像前面提到的，起初梁老板让一个人负责一个账号，不同的账号由不同的运营人员负责。再举一个例子，有一个账号叫作"柳州家居"，李明亮是该账号的负责人，在起初阶段，李明亮也是自己负责账号运营的。而另一个例子是，有一个女孩名叫王菲，在大学刚毕业时，她一边负责短视频的拍摄、剪辑和文案撰写，一边负责直播运营。

这里给大家一个建议，要明确两个主要板块：第一，需要有人负责内容以获取流量；第二，如果增加一个人，另一个人要负责处理流量到来后的客户沟通和接洽。我从内心深处建议**企业在做短视频运营时最好组建两人团队**，两人分别负责上述两个板块的工作，这样的配置将提高运营效率。

2.2 优秀短视频运营人员的能力素养

了解了短视频团队的搭建和激励方法之后，我们还需要明确一个优秀的运营人员应该具备哪些必备的能力素养。具体来说，以下 4 点非常重要。

优秀短视频运营人员的能力素养

1 不要憋"大招"　　**2** 会搜索、会借鉴

3 持续优化、不断测试　　**4** 不要"玻璃心"

第一个能力素养是**不要憋"大招"**。

很多老板和运营团队都希望一下子就获得巨大的成就，因此制定了一些过于高远的目标，寄希望于一场直播或一次推广。然而，这种做法并不正确。这种目标设定方式有一个劣势，那就是缺乏循序渐进的思维，过于急功近利。

在新媒体营销和账号运营的过程中，我们追求的不是一步登天，而是通过循序渐进、持续推进的方式来达成目标，水到渠成。因此，不要憋"大招"尤为重要。

我们应该尽快行动起来，然后通过快速迭代、持续测试，获得良好的结果。就像跑步一样，在我们纠结于如何完成今天的 5 千米或 10 千米跑步任务时，与其犹豫不决，不如马上穿上跑鞋，迈出第一步。这样，今天的跑步任务就有可能顺利完成。**在这个世界上，"试一试"是非常重要的 3 个字**。

第二个能力素养是**会搜索、会借鉴**。

在现在这个信息爆炸、内容过载的时代，会搜索成了一项重要的技能。就像我经常说的，**万物皆可搜**。在我们日常的生活和工

作中，有很多素材可能对我们来说很难获取，但是通过搜索，我们可以找到它们。无论是文案、方法，还是知识，都可以通过搜索找到。

在准备开始运营抖音之前，许多账号已经取得了成绩。我们应该善于学习，通过搜索找到这些账号，借鉴其优点。如果一个账号的短视频拍得好，我们就可以借鉴他们的短视频；如果一个账号在直播方面做得好，我们就可以借鉴他们的直播经验；如果一个账号的变现效果好，我们就要深入了解他们的私域，进入他们的体系，了解他们是如何变现的。即使是账号的背景音乐、字幕等细节也可以借鉴。通过搜索找到这些素材后，我们可以快速迭代，试一试，不断改进方法。这种能力是运营人员的必备素养之一。

第三个能力素养是**持续优化、不断测试**。

没有人能够一下子策划出一个爆款产品或项目。只要我们不断地改变变量，进行调整和测试，总有一天能够获得想要的结果。快速行动的目的也是不断缩短测试周期。我们应该持续进行优化，对各个方面进行测试，包括内容创作、推广策略、用户体验等。通过不断试错和改进，逐渐找到最有效的方法和策略，以实现更好的结果。持续优化和不断测试是一个持久且重要的过程，它可以帮助我们逐步提升运营效果，并取得更好的成果。

第四个能力素养是**不要"玻璃心"**。

作为内容创作者，我们必须具备抗打击、抗谣言的能力，要在挫折中变得更加坚强。在平台中，我们无法完全控制他人对我们的评价。无论我们是什么样的人，持有什么观点，总会有人喜欢我们，也总会有人不喜欢我们。我们不能因为受到一点儿挫折就开始抱怨或放弃，这其实也是容易导致人憋"大招"的原因之一。当我们明白了循序渐进、脚踏实地的重要性时，就不会心胸狭窄，容不得别人的批评。正如我们之前提到的梁老板的案例，他持续行动，不断迭代，抱着试一试的态度，看看能否取得成功。在这个过程中，他肯定会遇到困难，但一旦取得成绩，之前的所有困难都会变得值得。因此，我们要学会坚持，不要让"玻璃心"阻碍我们的发展和成功。

第3章

规划变现模式，搭建专业的企业账号

叶老师
对你说

短视频的目的就是从茫茫人海中过滤出你想要的精准意向客户。

朋友圈里有句话：没有无缘无故的点赞，短视频也是一样的，而我们要做的是主动"生扑"我们的意向客户。

直播就是短视频作品的延展版，把你发布的每一条短视频都在直播间展开来说一说。

变现方式

盲目追求流量毫无意义，企业做抖音要从成交出发去做短视频，而从成交出发做短视频的核心就是用户精准，只有用户精准了，发出去的短视频才能达到变现的目的。

3.1 打好创作者标签，聚焦精准用户

在本节中，我们将探讨如何通过打标签的方式，让抖音系统更好地理解目标用户群体。抖音的运营逻辑非常简单，通过正确的标签设置，我们可以更精准地定位和吸引目标受众，在抖音平台上实现更好的运营效果。

3.1.1 如何确定目标用户

在系统地进行讲解之前，我们先来了解一下如何正确定位目标用户，这是至关重要的。在抖音等平台上，一旦系统识别你的内容完毕，就会将你的内容推送给对其感兴趣的用户。然而，其中的关键在于采取何种动作，系统才能够准确识别并向目标用户展示你的内容。

对于企业来说，在发布视频之前，需要想清楚自己的产品所框定的人群是哪些，也就是如何定位用户，如何定义人群。确定好目标用户是内容传播的基础，因此用户定位至关重要。企业老板在使用抖音之前，可能会设定一个不太现实的目标，比如成为"百万大 V"或获得 1000 万个粉丝。尽管有这样的梦想很好，但如果最终目标是变现，即销售产品，那么就需要思考一下产品的潜在客户规模。

为了更好地理解这一点，我们可以对两个产品进行对比。一个产品是私人飞机，全球销量仅 22000 多架；另一个产品是可口可乐，年销量超过 540 万件。通过这个对比，我们可以看到每个行业都有其特定的属性。如果你的产品是私人飞机，那么追求 1000 万个粉丝可能并不现实，因为潜在的购买力有限。

因此，**我们必须明确目标用户是谁，了解什么样的人群符合产品定位**。定位用户就像订婚一样，选择了这个人而不选择其他人。这个过程非常关键，因为必须明确我们需要哪些用户，不需要哪些用户。正在阅读本书的你，请随着我的思路，认真思考这个问题。

在通常情况下，我们需要做目标用户画像。严格来说，用户画像的细节可能比下图中提到的多，但为了简化问题，我们采用了一种更简明的思考方式。

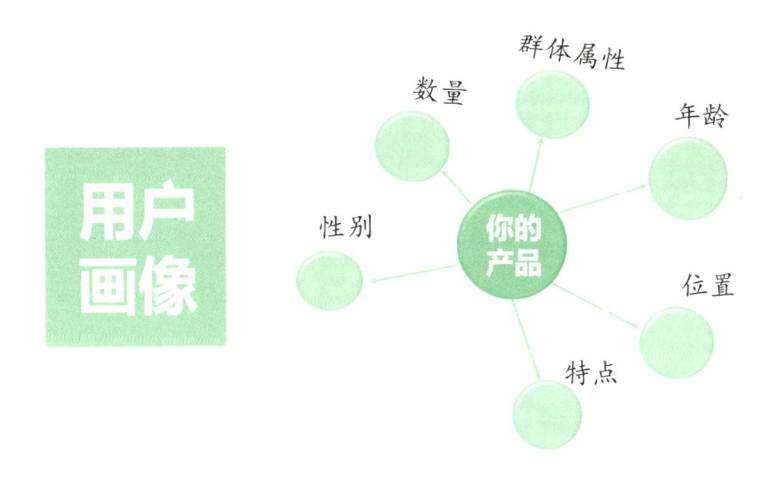

下面我们通过一个行业案例进行练习。

假设你在深圳开了一家美容院。

首先要明确你的目标人群。不是所有的人都是你的潜在客户，而是一个特定群体，即美容院的主要客户群体是女性。然而，说是女性群体还不够精准，因为在深圳 20~50 岁的女性才是真正的潜在客户。进一步细化，距离美容院 10 千米以内这一范围的女性才是最有可能成为你的顾客的目标人群，如下图所示。

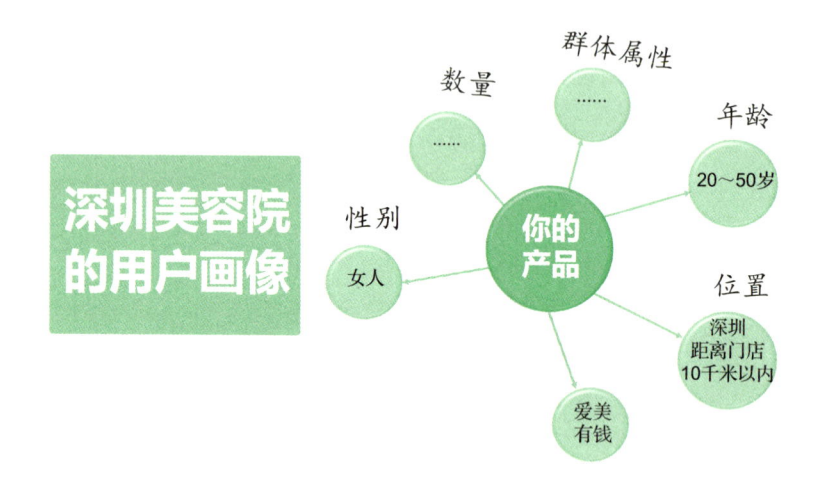

深圳美容院的用户画像

- 群体属性 ……
- 数量 ……
- 年龄 20~50 岁
- 位置 深圳 距离门店 10 千米以内
- 爱美 有钱
- 性别 女人
- 你的产品

这样的细分有助于明确你所要吸引的人群，并帮助你更有针对性地创作内容。在抖音账号上，这就意味着你的目标人群是深圳的女性，在内容和音乐的选择上你应该与这个群体产生共鸣。此外，在确定好目标人群后，你就知道如何与竞争对手抢夺这一特定群体的流量了。

在用户画像明确的基础上，抖音系统能够更好地识别你的创作者标签，并将你的内容推送给对你的服务感兴趣的用户。**通过这样的定位，你可以更有针对性地创作内容，与你的目标人群建立更紧密的联系**，如下图所示。在实际执行中，语音识别和指令下达也是关键的步骤，确保抖音系统能够准确理解你的要求。

定位目标用户的好处

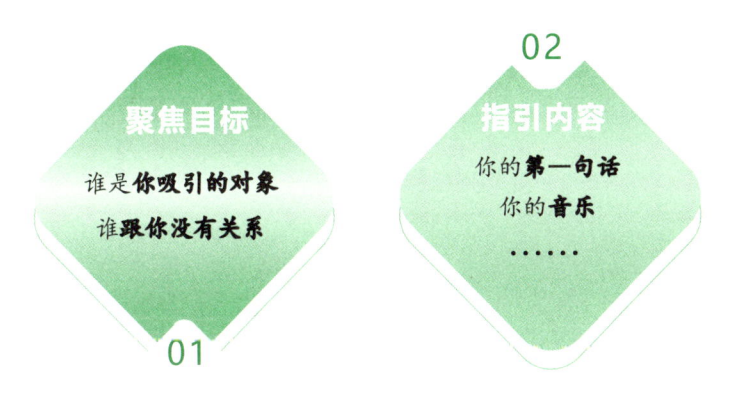

01 聚焦目标
谁是*你吸引的对象*
谁跟*你没有关系*

02 指引内容
你的**第一句话**
你的**音乐**
……

3.1.2 怎样打好创作者标签

在定位用户时，要进行一系列实际可行的操作。在短视频中，明确你的目标人群和行业是关键，其中涉及文字、语音、视频、图片、话题、贴纸等一系列元素的合理搭配，如下图所示。通过多次重复地展现这些元素，系统就能够识别你的行业身份。

给系统下指令

文字、语音、视频
图片、话题、贴纸

持续、多次、重复

假设你在深圳本地卖沙发，在你的短视频中，账号名称、话题、短视频标题等都应该与沙发相关联。如果在这些元素中没有提到沙发，那么抖音机器人就无法识别出你是卖沙发的。

在创作短视频时，一定要巧妙地融入相关关键词，比如在话题中添加沙发标签。这样一来，系统就能够通过文字、图片、视频等多方面的呈现来确认你的标签，从而更好地将你的内容推送给潜在客户。

此外，创作者标签和兴趣标签有着明显的区别，如下图所示。

兴趣标签	VS	创作者标签
抖音给我们**推荐的内容** • 喜欢看就多看 • 不喜欢看就划走		你的账号**发什么内容**

兴趣标签是抖音根据你的行为推测形成的，而创作者标签是系统通过你在短视频中明确展示的行业身份和相关元素形成的。因此，**创作者标签更有针对性，能够更好地吸引潜在客户**。在打开抖音后，多刷视频，抖音就会根据你的兴趣形成兴趣标签，这是推荐内容的基础。

而创作者标签与兴趣标签并不是同一个概念。创作者标签是系统根据你的账号发布的内容而赋予的，取决于你的账号的活动和内容。那么，如何准确识别创作者标签，并检测创作者标签是否精准呢？抖音官方已经提供了答案，大家可以在抖音官方教程中搜索"如何检测自己账号的标签是否精准"并查看。如果有不明白的地方，请反复观看官方教程以确保理解。

需要说明的是，虽然标签和人群定位很重要，但是不要忘记，在抖音上做运营的目的是实现变现。现在的关键问题是，标签和人群都设置好了，如何高效地实现变现呢？也就是说，在你的抖音账号上，完成了哪个阶段就代表任务完成了呢？

任务完成到底是指哪一步呢？是涨粉、用户评论还是电话咨询？答案是以上都对。但是要注意，理解到这个程度还不够敏感，我们要强调的是**快速转化**。什么是快速转化呢？**如果你的标签设置精准，那么每条视频的播放量都有可能迅速变现。**

想象一下，你发布的内容被系统推送出去，系统已经识别出你所属的行业，那么看到你的短视频的用户大概率属于精准用户。目前抖音有一个功能，就是作品被发布后，会显示点赞量、评论量和浏览量。在浏览量这一栏，如果你的视频有 500 个人观看，那么系统就会列出这 500 个人的账号名称，如下图所示。

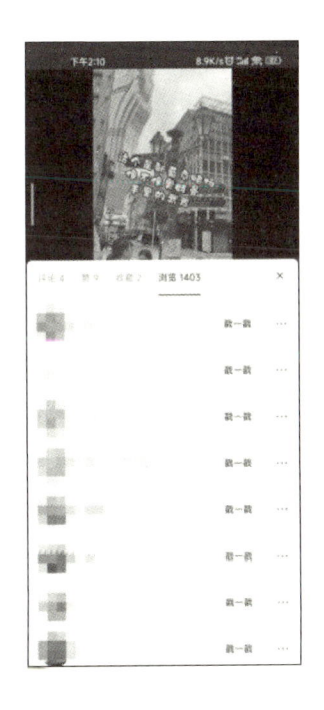

如果你的标签设置精准，那么这 500 个人就属于精准用户。你需要做的就是进行"反向生扑"。

生扑是什么意思呢？这里是指主动与喜欢你的作品的抖音用户互动，引导他们产生购买欲望。比如在线下门店，会有顾客进店咨询购物，但在线上等着抖音用户直接找你买产品就不太现实了。在抖音平台上，你要主动与用户互动，引导他们对你的内容产生兴趣，而不是利用门店思维等待用户自己上门购买。

"服务者·老纪"这个账号，每天都主动给"百万大 V"、"千万网红"、拥有 10 万个以上粉丝的社会名人发信息。老纪本身也是一个大 V，他主动给其他大 V 发的信息内容通常是礼貌性的问候。例如："旭东老师你好，久仰大名。快到中秋节了，能否留个地址，我让助理安排给你送 20 斤大闸蟹。""尊敬的叶旭东老师……""尊敬的保时捷车主……""尊敬的劳斯莱斯车主……"。尽管他并没有保时捷或劳斯莱斯，但是通过这种主动发信息的方式与用户建立了联系。这种方式背后的逻辑是生扑，即通过建立礼貌性的联系，为日后的合作奠定基础。

在确定了创作者标签，确保每次播放都精准的情况下，关键是要主动回关，并通过信息告知对方自己的短视频内容。例如，直接回应："先生，今天您看到我的短视频了，这么多人咱们能相见是缘分。今天我在直播间，将深度讲解这款产品，并赠送您特别的礼物和福利。快来我的直播间，让我们相见。"这种主动回应有助于与精准用户建立更深的联系。

在进行主动邀请时，需要考虑对方的心态。如果对方没有反馈，我们应该遵循量大必有质优的原则，也就是通过大量的主动互动筛选出意向客户。通过主动邀请，能够引导用户进入直播间，但关键还要看用户的心态。用户在看完视频后可能会忘记点赞和关注，因此我们需要进行反向生扑，即主动引导用户进行这些操作，避免浪费短视频的播放量。记住，用户是来看视频的，而我们的目标是获客。通过对账号的名字进行判断，我们可以确定是否是精准用户，从而进行反向邀请，并在当天实现转化。

例如，我在抖音上教美业人学习抖音的内容，通过巧妙的反向邀请能够在当天实现转化。

在抖音平台上，一条短视频即便只有 500 次播放量，上面也能显示出某美容院的名字，通过名字就能判断出该用户是否是我的客户。在这种情况下，我们需要进行反向邀请，通过给用户发送信息，可以提醒他们账号可能存在问题，并邀请他们进入直播间进行诊断。通过这种方式，就可以引导用户进入直播间，并为其提供有关如何提高短视频质量的建议。在这个过程中，当天进入直播间的用户就有可能实现变现。因此，**快速转化的核心在于系统为内容打上精准标签，推送给精准用户，并在产生链接后通过反向邀请实现转化购买。**

接下来讲讲话题。对于如何添加话题以打上精准标签，下面给出一张图，为大家提供指导。

在我们的账号中，话题可以分为六大类，包括行业话题、视频内容话题、坐标话题、热门话题、用户主动搜索话题和自定义话题。每一类话题都有其独特的作用。

六大话题+巨量算数

行业话题	北京×××、上海×××、成都×××
视频内容话题	十大关键词
坐标话题	北京亦庄、上海浦东、成都×××、杭州×××、济南大明湖、山东×××
热门话题	在北京×××去哪里
用户主动搜索话题	北京×××有哪些、上海哪里做×××、杭州最高端×××等
自定义话题	自己的账号名称或自己的公司名称

◎ **行业话题**：与你所从事的行业相关的话题。例如，如果你做的是沙发生意，那么就可以在"#"后面添加"沙发"，这样系统就能明确你是卖沙发的。

◎ **视频内容话题**：表示你的短视频所涵盖的主题。通过添加适当的内容话题，可以更好地展示视频的主题和内容。

◎ **坐标话题**：基于地理位置的话题，对于展示在哪个城市发生的事情非常重要。在发布短视频时，可以添加相应的地理位置，让用户知道视频中事情发生的具体地点。

◎ **热门话题**：当前行业或领域内最近流行的话题。及时添加热门话题可以吸引更多的关注，因为用户可能正在搜索或关注这些热门话题。

◎ **用户主动搜索话题**：根据用户的主动搜索行为而设定的话题。了解用户的搜索习惯，有助于更好地匹配他们的兴趣，提高内容的曝光度。

- **自定义话题**：由账号自行设定，可以根据自身的需求和特点来设定。

在整个话题设置中，用户主动搜索话题尤其重要，通过巨量算数等工具，可以深入了解用户的主动搜索行为，从而更有针对性地选择和添加话题。

在抖音上打开巨量算数后，你会发现官方提供了一个小程序，如下图所示。这个小程序的作用是你在搜索栏中输入行业关键词，例如汽车、母婴、沙发等，系统将为你弹出在抖音平台上用户高频搜索的关键词，并标明热度等级。这些关键词反映了用户在特定行业中最感兴趣的内容。通过将这些关键词添加到你的话题中，可以提高话题的热度，吸引更多的用户。

此外，在直播时关键是将观众转化为潜在客户。系统在识别出你的内容后，会将你的直播间推荐给感兴趣的用户。用户进入直播间后，虽然没有下单，但是通过关注表达了对你的认可和对产品的意向。这时，你可以迅速反向邀约将用户拉入微信群，建议你在微信群中发送一张包含产品承诺、售后服务、购买理由等内容的高清长图，由主播以语音的形式向用户介绍并送上礼物。这样的关怀和专业服务有助于增强用户的意向，提高转化率。

这种方法特别适合那些客单价较高、销售周期较长、客户决策复杂的行业。通过在直播中吸引用户，建立联系，及时反向邀约进入私域，再通过提前准备好的招商、加盟和获客资料，进行线下邀约和完成转化，如下图所示。在抖音平台上实施这一策略，可以有效地获得用户名单，完成营销拓客的重要一步。

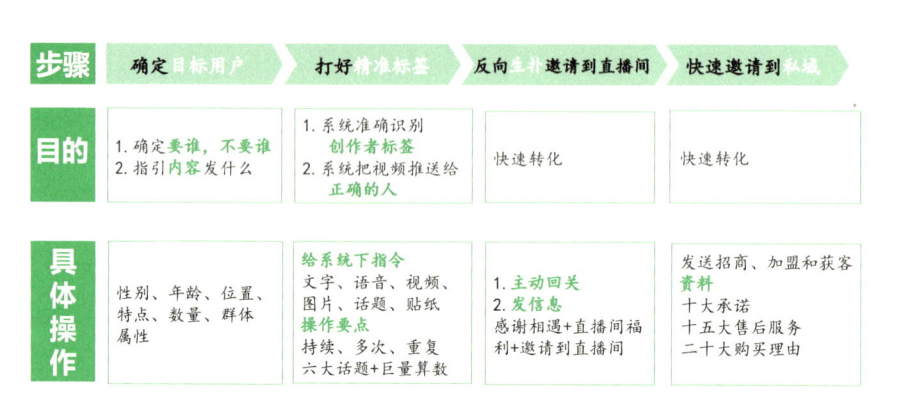

步骤	确定目标用户	打好精准标签	反向主动邀请到直播间	快速邀请到私域
目的	1. 确定要谁，不要谁 2. 指引内容发什么	1. 系统准确识别创作者标签 2. 系统把视频推送给正确的人	快速转化	快速转化
具体操作	性别、年龄、位置、特点、数量、群体属性	给系统下指令 文字、语音、视频、图片、话题、贴纸 操作要点 持续、多次、重复 六大话题+巨量算数	1. 主动回关 2. 发信息 感谢相遇+直播间福利+邀请到直播间	发送招商、加盟和获客资料 十大承诺 十五大售后服务 二十大购买理由

3.2　抖音五大变现模式详解

在本节中，我们将探讨一个非常重要的话题——企业在抖音上应该选择哪种变现模式。有些抖音营销老师对这个环节往往轻描淡写，只是简单介绍几种模式。但实际上，这是一个极其关键的环节。

在 3.1 节中，我们已经讲解了确定人群的重要性。而在确定变现模式这一步，很多学员会问："老师，我的产品还没确定，变现模式还没想好，我应该打造什么样的人设？应该拍什么样的内容？"我的回答是：**"如果你的产品还没有确定，变现模式还没有想清楚，那么就不要急着打造人设，也不要急着创作内容，更不要急着去进行直播。"**

在这个阶段，我们需要花时间仔细思考和规划。企业在抖音上的变现模式需要与产品、目标用户以及市场需求紧密结合，不能草率行事。因此，在进行人设打造和内容创作之前，务必要先明确产品的特点和变现模式（如下图所示），这样才能更有针对性地制定合适的策略，取得更好的效果。

「再」说人设和短视频内容

「先」定产品和变现模式

因为所有的内容和直播都是围绕着企业的变现模式展开的。可以这样说，如果产品还没有确定，那么什么都不要急着去做。假设有一天你在直播间看到旭东老师在讲抖音营销，觉得不错，于是问："旭东老师，我在哪里可以买你的线上课程？"如果我的课程还没有上线，那么这就是一个事故。直播的目的是卖课、卖货，如果产品和变现模式还没有想好，那么就不要急着行动。

抖音具有流量快速转化的特点，而快速转化的关键就在于选择合适的变现模式。每个企业都是独特的，因此，选择何种变现模式以及如何组合这些模式，以便最快地实现转化目标，是非常关键的问题。

下面我们正式展开关于变现模式的讨论，为大家提供更详细的指导。

我们首先需要具备分层思维。我们可以将企业的产品分成两大类：**本地类**和**全国类**。如果产品是面向全国销售的，那么它就属于全国类；如果产品只是在本地同城销售，那么它就属于本地类。产品也被分为两种类型：**卖货**和**卖课**。卖货是有形的，可以是便宜的产品，也可以是昂贵的产品，比如相机、手机、房子等。卖课是无形的，包括课程、咨询、教育辅导等。

企业在抖音上会采用的变现模式总共有 5 种，如下图所示。

抖音五大变现模式

视频带货	同城团购	直播带货	知识付费	引流咨询
有货源、会制作	懂规则、会运营	当主播、懂运营	会做课、有干货	金额大、周期长

- 视频带货：通过视频内容进行产品的展示和推广，引导用户购买。
- 同城团购：面向本地同城用户，通过团购活动促使用户集体购买。
- 直播带货：利用直播平台展示产品，与观众互动，促成购买。
- 知识付费：提供有价值的知识内容，用户通过支付费用获取相关的知识或课程。
- 引流咨询：通过内容引流，吸引潜在客户并引导他们咨询购买。

接下来将详细解释每种变现模式，让大家更清晰地了解它们的实现方式和运作机制。

3.2.1 视频带货，从两种脚本模型到更多创意与策略

我们先来深入了解"视频带货"这一概念。视频带货就是指通过拍摄视频，将产品巧妙地展示在视频左下角，使其成为一个不知疲倦的销售工具。这种方式能够不断触达用户，激发兴趣，促进用户产生购买行为。短视频种草的理念正是在此基础上发展而来的。

有人可能误以为视频带货仅适合销售便宜的产品、客单价低的产品。但是实际上，视频带货适合各行各业。不论产品价格高低、销售周期长短、客户决策复杂与否，都可以通过视频带货的方式实现转化。

这里讲的便宜的产品，是指定价在 300 元以下的产品。通过实

操和数据分析发现，只要你的短视频足够吸引人，用户在观看视频后就会下单。下面介绍两种适合销售便宜产品的视频带货脚本模型。

第一种脚本模型以直接展示产品的卖点为主线。例如，如果是水果等产品，则可以展示其汁水充足、颗粒饱满、光泽度高等特点；如果是收纳箱等产品，则可以直接演示使用其整理杂乱物品的便捷性；如果是台灯等产品，则可以通过灯光效果展示其特点。这类视频直截了当，通过展示产品的卖点，再搭配适当的音乐，即可成为短视频带货的素材。

视频带货并非仅适合销售便宜的产品。通过巧妙的展示，对于各类产品，都能够在视频中找到合适的模型，从而实现有效的转化。大家可以看看下图所示的视频案例（见本书配套资料包）。

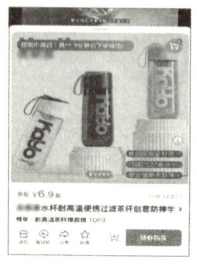

在观看了视频后，我们不禁会感叹原来视频带货如此神奇。确实，如果产品的特点明显，通过短视频能够直观地展示，那么对影响用户的购买决策将起到非常积极的作用。在这一过程中，短视频不仅在激发用户的购买欲望上有着显著的功效，而且在影响用户的决策方面更胜一筹，甚至碾压传统的图文展示。

想象一下，如果要推广橘子，通过文字形式表达它的汁水充足，可能需要写很多的文字才能传达这一信息。但是通过短视频，只需要切开橘子，慢慢展示，再配上音乐，观众立刻就能感受到橘子的汁水充足，从而产生购买的冲动。这种直观而生动的展示方式，远胜于图文的表达，如下图所示。

视频带货脚本模型1

直接展示
产品卖点

通过这种简洁而有力的方式直接展示产品的亮点，能够更有效地传递产品的特点信息，激发用户的购买欲望。

第二种脚本模型即两段式模型。 在视频带货的两段式模型中，第一阶段被称为"发现问题"。这一阶段的目标是观察并发现用户在生活中遇到的问题，也就是找到用户的痛点。一旦发现问题，第二阶段就是"解决问题"，而你的产品恰好可以作为解决方案。

这样的视频拍摄分为两段，首先直观展示用户在生活中遇到的问题，引起共鸣，然后展示你的产品是如何解决这一问题的。这种方式更具针对性，能够更好地吸引用户的关注，激发用户的购买欲望。为了更好地理解这一模型，大家可以看看下图所示的两个视频案例（见本书配套资料包）。

视频带货脚本模型2

发现问题
解决问题

我们可以发现，尽管这些视频只有 10 秒或 20 秒，但实际上它们由两部分组成。第一部分是发现问题，例如漏水了，堵不住怎么办；第二部分则是解决问题，通过将产品"啪"一贴就能解决漏水的问题。虽然时间很短，但通过专业的内容输出，我们能够看到这类视频的内在逻辑和线条。

站在创作者的角度来剖析每一条短视频，我们会发现一通百通。这种方式既能引起共鸣，让观众感受到使用该产品解决实际问题的能力，又能促使观众顺势而为，认为自家也存在类似的问题，因此愿意购买该产品。

可能有学员会问：这两种模型确实好用，老师能否分享更多的短视频创意？当然可以！下图所示的两个账号，其中包含了丰富的短视频创意，希望能够给你更多的启发。

下面左图所示的是快手平台上的账号，右图所示的则是抖音平台上的账号。观察这两个账号，可以看到它们加在一起一共发布了近 350 条短视频。每条短视频都非常巧妙地涵盖了 5 个不同行业的独特短视频创意，使得整个账号涵盖了各行各业的内容。

让我们看看这些短视频创意都是怎么做的，它们是如何在一条视频中巧妙地展示 5 个不同行业的特色的。请看下图所示的视频案例（见本书配套资料包）。

看了这两条短视频，相信很多用户都会豁然开朗，脑洞大开。做短视频不一定需要自己去创意，可以直接借鉴现成的创意，从而制作出高质量的视频。赶紧动手尝试吧！

通过对许多短视频创意的学习，我们制作出自己的视频，然后挂上产品的链接。然而，有些学员可能会问：对于便宜的产品可以采用这样的方式，那么对于昂贵的产品，是否也可以这样做？

对于便宜的产品，通常可以直接通过短视频进行促销并售出。但是对于价格较高、销售周期较长、价值较高的产品，采取不同的策略更为合适。在短视频中，建议将产品信息放在左下角，并挂上相关的链接。这个链接可以指向产品详情页或者获取客户咨询的页面。

考虑到产品的价格较高，直接在视频中展示价格可能不够吸引人，因此更适合引导潜在客户点击链接进行详细的了解。你可以在链接页面提供更多详细的信息、优势、使用案例等内容，以增加潜在客户的兴趣。采用这种方式可以保持视频的简洁，同时为感兴趣的观众提供了进一步了解产品的机会。

总体而言，挂上获取客户咨询的页面链接是更为合适的做法（如下图所示），而不是直接在视频中展示产品的高价。这样可以在维持观众兴趣的同时，为真正感兴趣的潜在客户提供更多深入了解产品的机会。

曾经我和爱人在北京大兴的一个商场漫步时，注意到商场内有一家卖电动车的展厅。这引起了我们的好奇心，因为通常贵重的商品很少在商场内直接售卖。特别是电动车这种大件商品，我们很难想象在商场内是否能够成功销售。

我的爱人被这家展厅中的一辆米黄色电动小轿车的外观所吸引，该品牌叫作"某来"，于是我们进入展厅。令人意外的是，我们进入展厅时，服务人员并没有过多地关注我们。

在展厅内，我们摸了摸车，坐了坐，花了大约 20 分钟的时间仔细观察。然后，我们离开了展厅。当天下午，我就出差了，晚上在酒店时爱人给我打电话，告诉我一个惊人的事实。

原来，商场里的卖车展厅采用了人脸识别技术。当你进入展厅时，系统会进行人脸识别，将你的电话号码调出并联系你。更让人惊讶的是，他们不仅知道你的电话号码，还了解你的财务信息，包括你是否有足够的资金来购买这辆车。这不仅仅是在卖车，更像是在进行一场获客的全方位宣传。

我意识到，这个卖车展厅的宣传策略与我们在抖音上的运营有很多相似之处。他们不是为了直接卖车，而是通过吸引潜在客户，获取他们的联系方式，从而进行后续跟进销售。这与我们在抖音上吸引用户和获客的过程如出一辙。

这个案例让我思考到，不同行业的产品销售策略虽然有相似之处，但**重要的是要了解目标用户，并通过有效的方式吸引他们和获取他们的关注**。这也启发我们在抖音的运营中，可以通过留下联系方式，实现更有效的获客策略。

日本的一家咖啡厅采用了一种独特的营销策略。以前咖啡厅的生意相对较差，后来他们在店内摆放了一张展示美女大长腿的图片。这张图片成功地吸引了顾客的目光，即便他们手里已经端着一杯咖啡，也会因为受到这张图片的吸引而将咖啡倒掉，再次购买一杯。在进一步调查后，发现这张图片其实是一个穿着时尚服装的模特假人，只露出了大长腿。

这家咖啡厅通过放置这张吸引眼球的图片，成功地引起了顾客的好奇心和兴趣，促使他们再次进入店内进行消费。

这个案例为我们做抖音运营提供了一些启示。短视频的作用就好比这张图片，它可以通过吸引用户的注意力，引导他们进入品牌的世界，激发他们的购买欲望。这表明：**在营销中，吸引用户的注意力，使用户产生好奇心是非常重要的策略，通过独特的内容和吸**

引人的元素，可以达到更好的宣传效果。

在短视频中，如果你提供了一个链接，让潜在客户留下他们的电话号码，那么问题就迎刃而解了。特别是当产品的价格相对较高，客单价也较高时，短视频所带来的效果主要是引导客户进行咨询。通过让潜在客户主动留下电话号码，你就能够更方便地获取到他们的需求和兴趣，从而更有针对性地进行跟进和销售。这种策略在高价格产品的营销中尤为有效，因为对于高价格的产品，通常客户需要进行更多的咨询和沟通，而通过电话可以更好地建立信任关系和解答客户的疑问。

比如有这样一条视频，一个美女在跳舞，在视频的左下角挂了一个链接，邀请观众私信预订。在预订时，要求输入手机号码，而酒吧经理获取到这些手机号码进行电话跟进。这种方式实际上是通过呈现吸引人的内容，引导观众主动提供联系方式，从而完成抖音的获客任务的。之后，销售人员和客服经理将负责后续跟进工作。对此有些人可能会产生疑问：没有大长腿或没有美女如何能够吸引用户？下一个视频案例将展示，吸引用户并不仅仅依赖外貌，还有其他方法。

如下图所示，在这个视频案例中展示了一个外貌普通的小哥哥，他脸上有一些瑕疵，但在视频的左下角挂着一个链接，宣传免费的精品课程。这个案例表明，并非只有外貌出众的人才能够吸引用户，我们也可以通过巧妙运用文字、私信和精心设计的资料达成目的。这个小哥哥通过提供免费的零基础课程来吸引用户，在使用户留下电话的同时完成了获客任务。这样的方法更注重文字、私信和资料的巧妙运用，从而让用户产生兴趣并主动留下联系方式。

通过这两个案例可以看出，挂链接是否会影响流量实际上与内容有关。在这两个案例中，视频播放量的差异并不是由链接的有无决定的，而是取决于内容的吸引力。因此，**流量的高低与是否挂链接无直接关系，而是与内容的质量有关。**

接下来，我们看几个常见的问题。

问题一：视频带货链接怎么挂？

关于视频带货链接的挂法，属于注册蓝 V 店铺号的功能，建议大家在开通后详细了解一下蓝 V 账号的功能，官方有很详细的教程。

问题二：几条视频挂一个链接？

建议**每条视频都挂一个链接，当然也可以选择两三条视频或三**

五条视频挂一个链接。这是基于变现思维的考虑，强调了挂链接的重要性，其不仅有助于引流，还方便用户找到你。

对上面两个问题的回答强调了挂链接的必要性和多样性，使用户更加明确抖音中的变现思维，并提供了实用的建议。

问题三：作为用户，你愿意抢首屏吗？

看看上图中视频的评论区，里面写着"抢首评"3个字。

用户通常不会去没有人评论的评论区抢首评。因此，建议在做视频时不能让评论区空着，必须在挂链接的同时填充评论。我的做法是，在发布短视频后，自己进行评论并互动，以增加评论的数量，引导其他用户参与。

我也会借助自己和员工的评论，引导顾客提问或发表评论。这样的评论区策略在吸引用户互动和发表评论方面具有引导性作用。许多大 V 在发布视频后都会亲自发表评论至少 3 条，并安排员工或朋友进行评论，引导顾客提问，从而增加评论的数量。

最后，我们总结一下评论区策略，在后续内容中还会详细展开介绍。评论区策略的核心在于通过评论引导顾客互动和提问，增加评论的数量，从而加强视频的互动效果。

在制作短视频时，有如下几点需要特别注意。

◎ 不要忘记在视频中挂链接，这是让用户能够轻松找到你的通道。

◎ 在发布视频后，要注意维护评论区，不要让它空空荡荡的。

◎ 不要认为你的产品价格高，就不能通过视频带货实现变现。

在这里，我想引导大家思考一个问题：在短视频中，应该挂什么样的链接来吸引用户并留下他们的联系方式呢？

举例而言：

- 对于旅行账号，可以在视频的左下角挂上旅游攻略的链接。
- 对于餐饮教学，可以挂上"100 种食谱"的链接。
- 对于家居建材领域，可以展示各种风格的家居设计效果图。
- 对于法律咨询账号，可以挂上提供一对一法律咨询的链接。

……

而对于账号运营者，可以提供一对一账号诊断的链接。总的来说，要站在用户的角度思考，通过什么样的内容能够吸引并留住用户，这是关键所在。

假设你的目标用户是 3 岁的小朋友，那么你应该使用什么样的内容来吸引他们呢？这时可以考虑使用《汪汪队立大功》《小猪佩奇》等动画片的元素，以确保具有足够的吸引力。因此，在制作短视频时，要深入思考如何从用户的角度出发，制作出吸引人的链接和内容。

3.2.2　同城团购，从时机到变现的 3 个关键环节

在介绍完视频带货的内容后，本节来介绍同城团购。

顾名思义，同城团购适合本地同城商家。

这里我想要强调的是，在 2023 年和 2024 年，抖音呈现出三大红利：一是抖音搜索，二是同城团购，三是抖音商城。同城团购

之所以成为红利，主要是因为本地同城商家在抖音的运营中本质上剥离了许多竞争对手。举例来说，假设有一家北京的理发店和一家深圳的理发店，那么即使北京的理发店粉丝数量较少，深圳的理发店粉丝数量较多，北京理发店的客户也不太可能会到深圳的理发店去理发。这正是同城业务的特点，用户主要在本地进行消费。这样一来，本地同城业务就在本质上隔绝了来自其他地方的竞争对手。因此，如果你做的是本地同城业务，那么抢在竞争对手之前布局抖音，将会拥有很大的机会战胜竞争对手。有时候我们能够赚到钱，不仅仅因为我们非常厉害，还因为同城团队的竞争对手相对较弱。如果你的竞争对手没有积极参与抖音运营，而你在抖音上提前布局了，那么你获胜的机会将变得非常大。抖音的逻辑并不是谁好买谁，而是看到谁就买了谁。用户在心目中认可了某家店的产品或服务，如果他们没有去另一家店，那么可能就不会知道另一家店提供的价格更低或服务更好。这强调了**时机在抖音的运营中至关重要，有时候胜过一切技巧**。

同城团购账号的变现核心涉及 3 个关键环节，如下图所示。

1. 海量分发内容
2. 了解榜单规则
3. 结合直播提升变现效率

第一个关键环节是海量分发内容。

有一位河南的学员名叫艳丽，专营皮肤管理中心。她成功地实现了一个月销售 2000 单的团购业务，她是如何做到的呢？她在团购账号上进行了海量视频分发。相比于一天发一条视频的常规操作，她每天发 100 条视频。这样的频繁更新给用户留下了深刻的印象，看到她的内容多于竞争对手的，增加了用户的关注度。

为了达到这个频次，后面我会告诉你一些方法，你可以好好学习一下。

第二个关键环节是了解榜单规则。抖音本地同城榜单分为人气榜、好评榜、收藏榜、热销榜。这位学员一个月能够销售 2000 单，其实是通过抖音本地同城榜单的一些规则玩法，将线下进店和线上引流统一按照抖音团购支付来结算的，同时为评价、收藏门店的用户提供一份小礼品，这样每结算一单都会被算入抖音榜单核算数据，从而帮助这位学员在短时间内冲到本地同城榜单第一的位置。

为什么有些人上不了同城榜单，主要是因为他们并不了解同城榜单的运作机制。在抖音平台上，评选上榜是通过城市的门店质量等一系列因素来确定的。即使你在用户的心目中再好，但没有出现在榜单上，那么也很难卖出货去。因此，理解榜单评选规则，按照规则来提高自己的排名是非常重要的。

第三个关键环节是结合直播提升变现效率。在抖音平台上，结合直播可以提高团购账号的变现能力。

通过这 3 个关键环节，我们能够快速地在抖音平台上推广本地同城的门店，实现本地同城团购，就像是视频版的美团或大众点评。如果你不擅长在抖音平台上做营销，那么可以考虑在美团等平台上是否能做得不错。将美团等平台上原有的图片、视频素材进行重新剪辑，然后发布到抖音平台上，并按照抖音的同城榜单评选规则铺垫数据，就能够上榜，这是非常重要的。

抖音平台上有人气榜、好评榜、收藏榜、热销榜、转发榜等榜单。即使能够上一个榜单，比如好评榜，你也会受益匪浅。即使你的产品没有获得好评，你也要努力争取获得客户的好评。即使客户不给你好评，你也要通过分层思维，提供一些好处让部分客户给予好评，从而推动你上榜。

另外，热销榜也是非常重要的榜单之一，因为用户通常会选择购买排名高的产品。对于刷单，虽然有争议，但它也是一种有效手段。例如，可以在线下门店引导老客户线上购买、支付，快速刷单，提高销量，从而上榜。

总的来说，理解榜单规则（如下图所示），按照规则铺垫数据，以及通过刷单等方式上榜，是最容易实现变现的途径。一旦上榜，你就能够吸引更多的用户，形成良性循环。

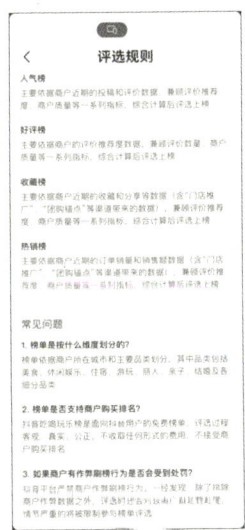

3.2.3 直播带货，从解决困惑到真诚、自信和坚持

直播带货是不可或缺的变现模式，而不是可以选择的。从现在开始，每天都要进行直播，即使你觉得这会很累人，也要理解直播带货对抖音变现的重要性。在抖音平台上，短视频的职责是引起用户的兴趣，而直播的职责是销售产品，是解决用户的疑虑、拔草。

很多人认为直播带货很难，这确实是一个挑战。但是，我们可以把难题看作竞争对手，战胜了难题，就战胜了竞争对手。许多人觉得直播难，于是他们可能只会拍摄短视频。在同城领域，如果所有的门店都选择拍摄短视频，而你是唯一在做直播的，那么在短视频激发了用户的兴趣后，用户想了解更多的产品信息，最终可能会选择进入你的直播间。

与短视频相比，直播更加真实，因此需要克服一些困难。但是，也正是因为直播带货难，所以才能脱颖而出，战胜竞争对手。这是一个挑战，也是一个机会。

在直播带货中，通常会存在 4 个困惑。第一个困惑是**形象不好**。形象并不是直播带货的决定性因素，一些形象并不出众的明星也能成功进行直播带货。可见，形象并不是直播带货的关键。

第二个困惑是**直播间人数不多**，有些老板担心丢人。人数多少并不是一个问题，只要有几位观众，比如你的老舅、老婶和机器人，就足够了。在直播带货中，首先要有内容，然后观众自然会进入直播间，而不是先有观众后有内容。

第三个困惑是缺乏观众互动，在评论区没人提问。主播可以通过预先安排的问题和答案，让助理在评论区进行互动，使整个直播带货更加流畅。观众在观看直播时主要是关注内容，而不是评论区的人数。

第四个困惑是内容质量不高。即使你在某个行业已经有 20 年的经验，在直播带货中可能也难以清晰地传达专业知识。解决这个问题的方法是学会使用爆款文案，借鉴短视频中的热门文案，以浅显易懂的方式表达核心内容，使观众认真聆听。

总体来说，直播带货并不是需要你在一个全新的行业中努力，它只是你在已有行业的基础上增加的一个推广渠道。通过解决直播带货中的 4 个困惑，老板可以更好地利用直播进行品牌推广。

在从"你学会了吗"到"自编自导自演的一出戏"的这段时间内，你可能会发现直播带货并没有那么难。它就是我们自编自导自演的一出戏，相当有魅力。为什么这么说呢？因为在线下举办一场说明会或沙龙会需要很大的成本，而直播就相当于公司的电视台，足不出户就能让更多的用户了解你、认可你、信任你，最终实现购买。因此，直播带货是必须要做的。

有人问，直播能力最重要的是什么？直播能力最重要的是真诚。有很多专业的主播在装真诚，而不懂直播的主播往往在装专业。殊不知，世间最棒的营销方法就是真诚。如果你不会做直播，那么这就是最好的方法。站在直播间，不用学习花里胡哨的方法，直接放下身段真诚地表达即可，比如向观众介绍自己、分享经验，告诉大家你不是网红，只是这家公司的老板，用真诚的态度吸引用户关注。

在直播带货中，真诚和自信是非常重要的。你不妨问一下自己，你对自己的产品自信吗？站在直播间，不要忘记拿出你的最好状态、拿出你的自信，去宣传你的产品、品牌。此外，利他也是直播带货中重要的一点，通过帮助他人实现自己的目标。你要站在用户的角度思考，给他们提供更多有价值的内容，让他们感受到你的真诚。

最后，**坚持是成功的关键**。不要轻易放弃，直播一两场没有立即看到收益不要紧，坚持下去，直播带货已经成就了很多人。不要辜负这个时代，抓住机会，努力去做直播带货。为此，给大家推荐两个法宝，其中一个是几何拆直播，从中可以找到各行各业非常优质的直播创意内容；另一个是视频带货的创意直播案例，可以让你得到更多的启发。

3.2.4　知识付费，一个对所有人都非常重要的机会

很多人可能会说：知识付费好像跟我没什么关系，因为我是卖产品的，不是老师。然而，这是一个误区。有一句话说得很好："你永远无法赚到你认知以外的钱"。知识付费是一个非常重要的机会，各行各业的老板都可以通过它赚到钱，实现现有业务的增值。

你可能会认为没有教师资格证就不能在抖音上卖课，但事实上，很多在抖音上卖课的博主并没有教师资格证。这是一个变革的时代，不是一个只有拥有教师资格证、开办学校才能通过卖课赚钱的时代。

举一个例子。有一位博商的学员刚刚大学毕业，她在抖音上以 298 元的价格卖英语课，赚了 700 万元。这显示了在这个时代，无论你是厨师、健身中心的教练还是保洁阿姨，只要你有知识，就能通过知识付费直接对接用户，实现业绩的倍增。

知识付费不仅仅局限于教育领域，各行各业都可以借助它赚取额外的收入。很多学员通过知识付费实现了业绩的倍增，不仅能够提升自身价值，还能够创造更多的收益。

大家可以看看下图所示的两个视频案例。

我们在学到了一个新知识后，就可以将此知识教给那些不会的人。其中的关键是要认识到自己有哪些知识可以教给别人，并通过知识付费实现业绩的倍增。

2024年12月份将成为企业注册蓝V（认证账号）的高峰期，80%的传统企业将涉足短视频和直播领域。这是一个知识付费的时代，各行各业的企业老板都能通过在抖音上分享知识获得收入。企业老板应该抓住这个机会，不仅卖产品，还要通过知识付费赋能整个行业。

中国企业家如董明珠、马云、江南春等进行讲课，主要是为了构建个人品牌，助力企业销售，实现业绩的快速增长。通过讲课，他们不仅传递了知识，更在一定程度上营造了自己的个人形象，提高了个人的知名度和声望。这种做法对于企业而言，可以使代理商成为学生，建立更加紧密的关系，增强企业在市场上的影响力。当代理商和客户都成为企业的学生时，企业的形象将变得更加高大，同时也能更好地与他们进行沟通和合作。考虑到中国人内在的尊师重教的特点，知识付费也能够在一定程度上借助这种文化背景，实现更好的推广效果。因此，如果你有意进行知识付费，则建议积极行动起来，借鉴博商的经验，更好地开展相关工作。

3.2.5　引流咨询，"小风车"将公域流量引至私域

顾名思义，引流咨询是指通过引流平台（如抖音），将流量引导至自己的项目、门店或线下实体，以实现转化和获取新客户。在抖音平台上，由于无法直接交付项目，因此需要巧妙地将其流量引导

至私域，即自己的线下实体或门店，以促成业务的转化和客户的获取。

有人可能质疑，抖音允许将公域流量引导至私域吗？实际上，抖音是允许这样做的，但是需要通过正常的功能和渠道来实现。其中，有一项功能被称为"小风车"，它的作用是通过正常的渠道将公域流量引入私域。这样做是合法的，因为若抖音不允许这种引流，则可能会涉及垄断问题。因此，在使用抖音平台进行引流咨询时，可以充分利用这些正常的功能和渠道，确保在合规的范围内引导流量，从而达到更好的转化效果。

请看下面这个直播视频截图（见本书配套资料包）。

原来在直播间可以挂上小风车，而小风车可以被链接到你的网站、私域企业微信以及小程序。这实际上就是典型的将公域流量引导至私域的过程。很多如房产、招商加盟、咨询、汽车销售等账号都通过直播获客，留下用户的联系方式，再通过小风车将用户引导至私域，进行进一步跟进。这种方式可以被归纳为引流咨询的策略。

至此，抖音变现模式就介绍完了。在应用这 5 种变现模式时，需要遵循如下原则。

- 快速转化，即迅速将流量转化为潜在客户，不要像无头苍蝇一样盲目地发短视频。记得在每一条视频中都要挂上留资组件（小风车），确保意向用户能够第一时间对接到企业，实现快速转化。

- 在获取到用户名单后要迅速进行生扑（主动回关私信）跟进，这是核心步骤。否则，用户在前一秒刷到你的视频产生购买欲望，下一秒就会被竞争对手抢走。

本书附赠一张包含各个行业变现模式的图表（见本书配套资料包），在这张图表上清晰地展示了所推荐的多种变现模式，供读者参考。其内容示例如下图所示。希望读者在了解之后，能够迅速布局适合自己企业的抖音变现模式。

各行业变现方式

行业/人群	到店消费	线上咨询	内容广告	视频带货	直播带货	变现路径
餐厅、酒店、美容院等有线下门店的服务行业	强	弱	弱	弱	弱	吸引消费者到线下场所体验消费
健身教练、舞蹈教练、发型师、造型师、厨师等	强	弱	弱	强	中	知识传授、顺带出售周边材料设备
律师、设计师、办公技能、起名儿、情感咨询等	弱	强	弱	强	弱	提供知识、技能服务收费
服饰、美妆、鞋包等各类种草型产品	弱	弱	弱	强	强	直接通过直播或短视频展示商品进行售卖
奢侈品鉴定、二手回收以及售卖	强	弱	弱	强	强	线下专业知识服务、线上产品售卖
母婴育儿	弱	弱	弱	强	强	售卖母婴周边产品
学校、培训机构等	强	强	弱	中	弱	卖课、卖书、卖工具器材等
家装、大家具类	强	弱	弱	强	弱	引导线下装修服务、商品带货
车评人、4S店、汽车品牌	强	弱	强	强	弱	吸引到店购车、售卖汽车后市场产品
萌宠萌娃、搞笑段子、情感鸡汤、生活旅行vlog等内容生产	弱	弱	强	强	弱	广告合作、商家产品植入

3.3 如何搭建一个专业的企业账号

本节我们将学习如何在抖音平台上搭建一个专业的企业账号。在 3.2 节中，我们已经讨论了变现模式，并完成了相应的布局。现在，我们将专注于账号的搭建。很多读者可能会有疑问，为什么第一步不是发布视频而是搭建账号呢？实际上，**账号就相当于家，而账号的搭建是为了让用户产生兴趣并进行转粉和咨询。**

想象一下，你邀请了一些好朋友到家里做客，但是家里乱七八糟、不干净，那么朋友们会对你有什么样的印象呢？账号也是如此，它的目的是让用户转粉和产生咨询。如果在拍摄视频之前没有搭建好账号，没有准备好必要的动作，那么当用户查看你的账号主页时，他们可能会不知道你是做什么的，不知道能从你这里得到什么，也不知道你在卖什么。这样的流量可能就会被浪费掉了。

因此，在拍摄视频之前要先搭建好账号。**搭建账号有 4 个原则，即 4 个关键问题：来者何人、与我何干、有何不同、何以见得。** 这 4 个问题将指导我们在账号搭建过程中进行的关键操作。

3.3.1　账号包装四问

在搭建账号时，有一个极其重要的关键词，即"切换到用户视角"。"用户视角"这一概念需要被重点强调，因为账号是为用户而设的。用户在浏览你的账号时，通常会思考以下 4 个问题。

首先，他们会问"来者何人"，也就是对你的账号身份和背景产生兴趣，想要了解这个账号是谁，从事什么行业或属于什么领域。

然后，用户会关心"与我何干"，他们想知道你的账号与自己有何关联，是否能够帮助自己解决问题，提供赚钱的机会，或者避免踩坑。

接下来，用户会思考"有何不同"，就是你的账号与其他账号的不同之处，因为他们更愿意关注那些独具特色的内容。

最后，用户需要明确"何以见得"。他们追求证据，想要知道你如何能够为他们创造价值。用户关心的是你的账号是否能够满足他们的需求，为他们带来实际的好处。

因此，在搭建账号时，务必要从用户的视角去思考这些问题，以确保你的账号能够真正符合用户的期望，为他们提供有价值的内容。

账号包装四问如下图所示。

1	来者何人	这个店在哪里 你是做什么的 店环境如何，服务怎样 老板啥样，团队啥样	这是谁	2	与我何干	能为我提供什么服务 价格怎么样 能解决我的什么问题	有啥用
3	有何不同	你的店与其他店有啥不同 这个店的特色是什么	不一样	4	何以见得	这个店的销售数据怎么样 这个店的顾客口碑怎么样	咋证明

3.3.2　账号包装五要素

本节我们来介绍账号包装的具体动作。当一个账号呈现在我们的面前时，如下图所示，它包括五要素，即头图、头像、简介、昵称和置顶视频。

账号包装五要素

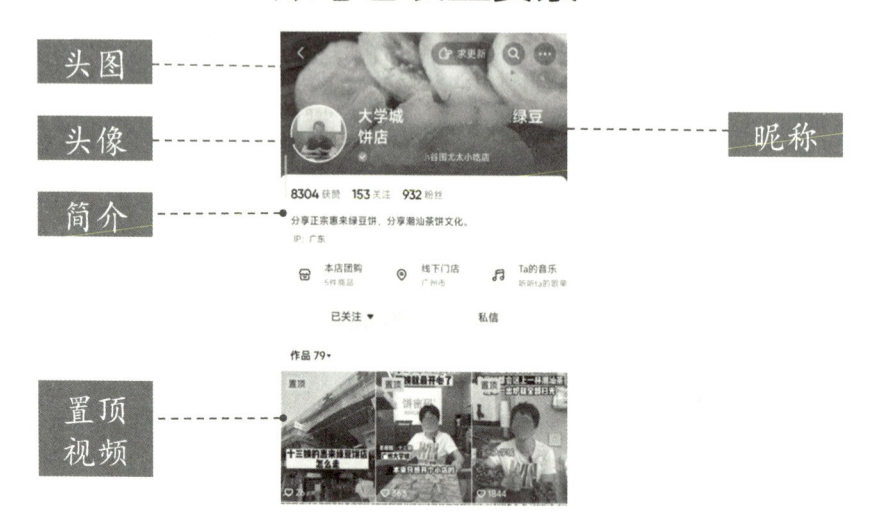

- 头图
- 头像
- 简介
- 昵称
- 置顶视频

头图，又称背景图，位于上方，类似于海报位置，起到突出个性的作用。头像即为圆形照片，通常代表个人形象。简介是对账号的介绍。昵称则是账号的名字，可以是个人名字或品牌名。置顶视频这个位置是系统提供的优先展示视频的地方，旨在让用户先看到这 3 条视频。

在核心设计步骤中，首先是设置头像。在选择头像时，需要考虑是优先展示产品还是老板（出镜人）的照片。建议在个人品牌不是国际品牌且没有很大的影响力时，选择个人照片而非 logo。为了让用户更熟悉你，建议选择胸部以上的照片，并且不推荐使用手机自拍，而是建议去专业照相馆拍摄，确保照片质量。下面以我最近的头像为例进行说明。

我的这张照片采用了灰色的背景，呈现出简约、大气、高级的感觉。特别是选择了胸部以上的照片，这种选择具有一定的合理性。为什么要选择胸部以上而不是全身的照片呢？这涉及用户的视角。用户在刷抖音时，左上角的头像往往会显得非常小。如果是全身照片，那么用户可能无法清晰地看到面部表情，这不利于在短期内建立信任关系。除非从事健身、普拉提、舞蹈等需要展示身体的职业，否则建议选择胸部以上的照片。在表情方面，建议选择积极、正面、阳光的表情，至少要展现笑容。俗话说"伸手不打笑脸人"，积极向上的形象更容易吸引用户，笑呵呵表情的照片效果很好。

在头像设计完成后，我们来讲讲头图，也就是背景图。头图有多种设计方法，比如可以使用团队开会的照片、工厂场景、获奖照片，或者在图片上加入引导性文字，如"漂亮的人都在关注我""想赚钱的人都在关注我"等，如下图所示。

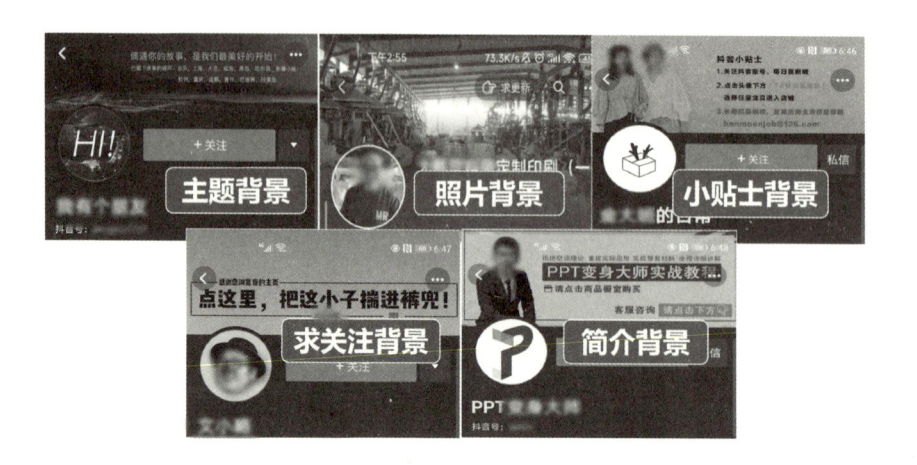

【账号搭建】头图分类&账号匹配

类型	具体内容	适应人群	示例
主题背景	根据主题设计背景图片	蓝V/品牌/机构主题账号等	抖音广告助手/喜茶/影子社
照片背景	单人照/合影	旅行/情景剧/vlog	初九/幺妹/房琪KiKi/丸子同学
求关注背景	引导关注	种草/泛娱乐萌宠等	沙雕开箱/董先生珠宝
小贴士背景	如何购买产品/成为会员指导性内容	服装/美妆/配饰等	金大班365天穿搭记
简介背景	个人介绍	人物IP/体现价值	小七

现在再来讲讲昵称，也就是账号的名字。在名字的选择上需要注意，虽然别人不认识你，但是通过名字他们能迅速知道你是做什么的。这里提供一个公式，即"名字 + 垂直领域"。例如，如果名字是"叶旭东"，那么昵称可以是"东哥教运营"。以卖沙发为例，

如果姓"王",则可以取名"王姐卖沙发"。这种简单而容易记忆的命名方式,能够在短时间内让用户知道你从事的是什么行业,如下图所示。

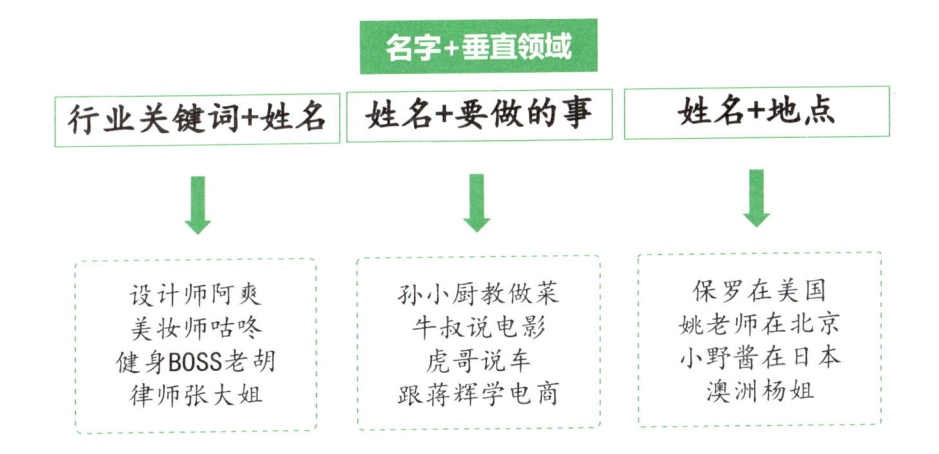

名字+垂直领域

行业关键词+姓名	姓名+要做的事	姓名+地点
设计师阿爽 美妆师咕咚 健身BOSS老胡 律师张大姐	孙小厨教做菜 牛叔说电影 虎哥说车 跟蒋辉学电商	保罗在美国 姚老师在北京 小野酱在日本 澳洲杨姐

让人记忆深刻的节目,一般它们的名字都相对简单,例如"中国好声音"、"中国好歌曲"、大鹏的"嘚不嘚"、王哥说地产、虎哥说车、猴哥说车等。这说明了一个原则,即**"名字+垂直领域"要简单好记,能够迅速传达你所从事的行业信息。**

账号昵称好听、好记、好懂、好搜是非常重要的。现在我们来讨论好搜的意义。好搜即好搜索,表示在选择名字时要确保没有重复。在抖音上,你可以反向搜一下自己的名字,看看是否有重复的。如果有太多相同的名字,用户会难以区分。通过长期坚持使用独特的名字,用户会更容易记住你。

接下来讲讲账号简介，这也是非常关键的一点。许多老板常犯的错误之一是把简介写得太长，导致用户不愿意阅读。从用户的角度考虑，他们是否愿意读那么多文字呢？简介应该简洁明了，三四句话即可。这几句话可以包括你是谁、能为用户带来什么、怎么证明你的价值，以及关注你有什么好处，如下图所示。

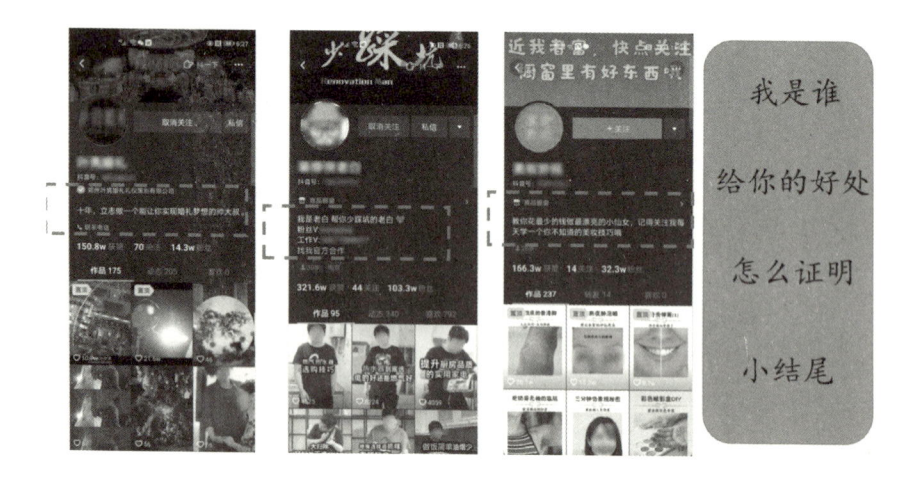

以叶旭东为例，账号简介包括自我介绍、能为用户带来的价值、证明自身价值的数据，以及价值观或格言。

最后讲讲置顶视频。这个位置是一个难得的广告位，需要按照营销步骤进行规划。**建议在置顶视频这个位置放上老板的创业故事，以增加用户对品牌的信任**。置顶视频不一定要选择流量最高的，而是要考虑营销策略，使其更有针对性。置顶视频案例如下图所示。

1. 创业过程——我是什么人

文案参考

开店不容易，看着一个一个的同行已经坚持不下去，我们还在不断努力，我们从不做套路销售，也不做任何坑人行为，老老实实做服务做技术。美业没有大家想得那么暴利，网络越来越透明，我们只是手艺人。

置顶视频

2. 顾客反馈——用别人的嘴，夸自己的店

文案参考

开店服务的本质就是为客户提供有价值的体验感，并获取合理的回报。而不是不停地打折促销，你说呢？

置顶视频

3. 灵活配置——我是什么店；或者流量高的视频

文案参考

漂亮的人，都可以靠颜值吃饭，像我这样的人，只能让你漂亮了，我才有饭吃，欢迎回家

置顶视频

在置顶视频的第一条视频中，要让观众了解到你的背景，你是从何处而来的，你从事的是什么行业，你是如何起家的，你的产品有何独特之处，以及你作为老板所展示出的风采。

在置顶视频的第二条视频中，要展示用户对你的评价。人们往往更信赖别人的评价，你自己说十句好不如别人说一句好。你可以采访一些顾客，了解他们对你个人和公司的评价。

在置顶视频中，第三条视频可以灵活选择，比如选择流量最高的视频，或者选择展示公司的工厂和环境的视频，来提高用户对公司的信任度。

当然，我们可以动态调整这3条视频，遵循之前提到的原则，以更好地利用这3条置顶视频。

接下来，我将带领大家还原用户在我们的账号上浏览的整个过程，如下图所示。

01 视频内容
02 头像
03 名字
04 账号简介
05 封面
06 置顶视频

首先，用户会看到你的视频内容，如果视频吸引他，他会瞄一眼右上角的头像，然后左滑进入你的主页。在主页上，用户会看到提前设定好的账号名字、账号简介、封面和头图。其中，在显眼的地方写着"置顶"两个大字，表示有 3 条置顶视频。点进去看，第一条视频是你的创业故事，第二条是用户评价，第三条是公司介绍和引导参观。用户通过这些内容会认为你是一个真实的老板，不同于其他网红。这种布局可以提高你的转粉率。因此，账号包装的核心是要提前布局好，吸引用户关注。

为了让大家能够快速布局自己的账号，我在"读者服务"中提供了一些模板（见本书配套资料包），大家可以仔细研究，快速搭建起自己的专业抖音账号。

第4章

多拍快拍，实现海量触达

叶老师
对你说

海量触达对于企业来讲就是，用最低的成本、最快的速度、最广的覆盖率，让公众知道你这个企业有账号。

当有人问我一天发多少条视频的时候，我会说比你的同行发得多就是标准答案。

在这个时代，只要会吆喝，你就能赚到钱，不要把短视频想复杂了。

海量触达
用户认知

博商在这几年中，通过与上千位企业老板接触，以及深入调研，总结出：企业抖音号做不起来，最关键的原因就是不去拍视频。很多人学了一堆课程，想了3天3夜，结果却不行动，最后留下一句"现在的抖音已经不适合普通人，太卷了"，就放弃了。但是即便饭做得不好吃，也要先去买菜，否则只能饿死。所以，不管水平如何，还是要先做，然后想办法做好。

4.1 如何一天输出100个视频作品

要在抖音上获得好的效果，有一个6字策略："有流量，快转化。"在前面的章节中，我们主要关注的是实现快速转化的各个环节，从搭建账号来接收流量，到创建变现方式，都是为了快速留住流量，将其高效变现，不浪费。

然而，一个重要的问题出现了：如何持续获取流量？抖音是一个流量平台，应该如何吸引流量，使其聚集到我们身上呢？答案是通过内容。但是，对于很多企业来说，内容制作成为困扰他们的问题，因为不知道拍什么，也无法持续输出，而且制作成本也较高。

接下来，我将逐步揭示解决这个问题的方法。

4.1.1 短视频应该拍什么

首先要强调的是，在抖音上不应追求单一的爆款。

我们到底是要追求爆款还是要多发作品？在前面的章节中已经

讲过，应该多发作品，因为爆款是无法预测和策划的，而是输出大量内容之后自然涌现的。所以，高频输出作品才是企业能够主动掌握和追求的方式。

如何实现高频的内容输出？很多人在抖音上可能看到过小米的企业账号发布的短视频，一天能够发布 60 个。仔细拆解这 60 个短视频，你就会发现其中的内容都来自该企业的真实工作场景。告诉大家一句话，世界上最可笑的一件事就是让老板单独留出时间来拍视频。这种方式既难以实现高频输出，又难以获得流量。为什么企业账号的短视频流量很低？那是因为企业可能在不知不觉中选择了一种最难获取流量、老板最不擅长的视频输出方式——口播。口播是一种较难的方式。

如果你不知道要拍什么，很可能是因为你没有准备好视频素材。为什么没有准备好素材？很可能是因为你忽视了图文媒体和视频媒体在输出内容和总结素材方面存在的一个重要区别，即时效性。比如，一位企业老板今天参加了一个行业论坛或者公司展会，如果当时没有录下相关视频画面，在需要这段素材制作视频时，就无法获取。这就是时效性的问题。视频素材应该提前准备好，因为过去的场景无法再现，也无法重新拍摄。

其实每个老板身上都有丰富的素材可以收集。还是以小米的企业账号为例，它能够一天发 60 个视频，你会发现那些视频都是雷军参加发布会、公司会议，颁奖，参加展会等工作现场的记录。很多老板应该也都参加过这样的活动，但是关键的区别在于，雷军干什么，小米的人就录什么，所以他们有素材，而其他老板可能在参加这些活动时并没有让人录制相应素材，最后导致无素材可用。

这也是很多老板开始寻找抖音代运营机构的原因。然而，当代运营机构问老板平时是否拍摄了这些宝贵的视频素材时，很多老板都回答"没有"，代运营机构也没有素材可用，这就导致了一些困境。于是，代运营机构采取一种统一的视频形式，通常是采访。

我们在抖音上看到很多企业老板在个人 IP 账号上发布的大多数视频都是采访的形式。这种采访视频，企业自己也可以拍，代运营机构也可以交付，但这样的方式可能并不那么适合企业的形象和目标。近期还出现一种新型的"老板 IP"视频形式，叫访谈类视频。很多代运营机构会为企业老板进行包装。殊不知这类视频的制作成本极高，制作周期也很长，需要深入企业进行考察，写脚本，而且对拍摄前的沟通、人员现场表现力、后期的剪辑等也有较高要求。真正能够达到目的，实现宣传和引流目的的访谈类视频是凤毛麟角，所以企业要想清楚当下的目标，而不是依赖他人。

4.1.2　短视频怎么拍更好

如果你是抖音用户，你会更愿意看到企业老板在工作过程中真实的画面，而不是简单的采访。就短视频的素材而言，企业老板拥有最大的优势，因为他们每天的工作都是非常宝贵的素材。

马云有一个视频，展示的是 30 年前他在推广中国黄页项目时遇到各种困难的场景（完整视频见本书配套资料包）。这就是互联网行业老板和传统行业老板的核心区别。在 30 年前，马云拜访客户时就知道把这些画面拍摄下来，通过互联网广泛传播，最终树立了他在大众眼中的大咖形象。

如果你是企业老板，马云的视频可能会让你感触颇深，因为这些场景——拉投资、拜访客户、达到目标、与团队庆祝，以及面对挫折等，或许你刚开始创业时也经历过。在工作时，有时你会冥思苦想，有时会陷入纠结，但是你可能并没有记录下这些宝贵的瞬间。有的老板可能拍了照片，贴在公司的文化墙上，但这些照片只有自己或团队才看得到。

这也是互联网行业老板和传统行业老板之间的区别。前者懂得将这些瞬间记录下来并通过互联网传播，形成品牌影响力。

我们经常会看到领导带领团队去视察。领导走到哪里，都有摄影师在边上拍摄。为什么？因为如果不拍下来，很多人就不知道领导去视察过。

这给我们带来的启发就是，老板每天的工作都是宝贵的素材，把他们工作中的场景、活动、参与团队合作等瞬间记录下来，不仅可以传递企业的积极形象，还可以在互联网平台上广泛传播，提升品牌的知名度和影响力。下图列出了老板的日常工作，这些内容都可以作为素材。

请企业老板们想一下自己明天要做的事情：你早上是否参加公司的早会？这个早会的场景可以作为素材。接着，你可能需要接待一些贵宾，带他们参观你的工厂或公司，这难道不是宝贵的素材吗？中午时分，你是否有宴请或者聊天的计划？这些活动也是潜在的素材。如果明天你要出差去别的城市参加展会，那么为什么选择这个展会？展会的场景难道不是极好的素材吗？

作为企业老板，你的衣食住行和工作的各个方面都是宝贵的素材。将这些日常场景记录下来，不仅可以为企业树立形象，还可以用于传播，提高品牌的曝光度。素材就在你的生活和工作中，善用它们吧。下图进一步列出了与老板相关的视频素材。

与老板相关的视频素材

社交活动	行业论坛	同行分享	接待客户	参观公司	公司会议
质量监督	员工福利	团队建设	领导视察	直播过程	社会公益

这些素材有一个重要的共性，那就是它们既包括人（员工），又包括货（产品或服务），还包括厂（工厂或公司）。为什么你拍的短视频流量低呢？可能是因为你选择了一种过于简单、缺乏生气的呈现方式，比如背景只有一面大白墙、两盏灯，这样的画面就很难吸引观众，就算是张琦老师坐在那里，照着文本念也会显得不自然。我们博商做短视频账号之所以厉害，是因为我们的内容来源于真实的场景，充满了日常生活气息。

因此，关键在于如何巧妙地利用这些素材。不仅要展示产品或服务，还要展示团队、公司文化以及与客户互动的场景。这样的内容更加自然、真实，能够更好地吸引观众，提高流量和影响力。所以，**要善用人、货、厂，创造出有趣、引人入胜的内容。**

博商很多老师账号上的视频内容都源于日常的工作场景，王岑、郑祥洲、张琦等老师，包括我自己，都是这样的。以下依次为这些老师和我的抖音账号视频截图。

这些老师抖音账号上的视频内容来自他们讲课的场景，讲课就是他们的工作，工作就是他们的视频素材。企业老板也是一样的，比如抖音上的"安英"这个账号，以下为账号上的视频截图和账号主页截图。

这个账号拥有超过 1300 万个粉丝，发布了 500 多条视频。仔细研究这些视频，你会发现一个惊人的事实——没有一个是口播，也没有一个是采访。相反，每一条视频都记录的是这位董事长平时参加公司会议、参与员工活动，甚至去拜访客户的整个流程。只需举起手机，即可将这些日常工作的瞬间定格，呈现出老板工作最真实的一面。

我有一位学员，是一位 63 岁的大姐，名叫张迎年，尽管普通话水平并不高，但她以独特的方式制作视频。为了帮助她拍摄视频，我建议她带我去她的工厂。你可能会问，为什么选择工厂呢？对于这位 63 岁的大姐来说，进入自己熟悉的工作环境，才能够放松下来，更容易体现她的特点。

我们从演播厅转移到工厂后,她迅速放松下来。我只需询问工厂的业务性质、工具的用途以及设备的功能,她就能侃侃而谈。在这个过程中,我们戴上了麦克风,她举着手机,由她的运营团队全程录制,完成了 100 多条短视频。这些视频在不知不觉中积累了 1000 多个点赞。这个案例表明,企业老板走进自己熟悉的环境,就能够自如地展示工作内容,并在这个过程中获得令人瞩目的流量。

还有一个关于柳州家居的案例。我给他们做辅导时,新招来的大学生向我咨询如何拍摄视频,因为她之前没有经验,还在考虑是否要学习写文案。我告诉她,不需要专门学习写文案,因为她的老板就是最好的素材。我建议她用视频记录老板日常的工作和生活,尤其是在老板工作繁忙时。把拍摄的这些素材制作成视频,就能体现老板充实而真实的生活。结果,她的视频获得了不错的流量,最高的有 2000 多个点赞。

通过这个案例可以看出,有时候并不是因为抖音平台本身很难用,而是因为人们将视频制作过程看得过于复杂了。打个比方,对于观众来说,核桃雕塑这种微雕技术可能令人叹为观止,但对于从业者来说,这只是他们的日常工作。

我们往往认为熟悉的地方没有风景,但并非所有人都是老板,都有与老板同样的工作和生活体验。换句话说,老板们熟悉的场景,别人未必熟悉。那么,在公司里,老板可能会经历哪些场景呢?比如,开会、参观、宴请、为员工颁奖、参加员工婚礼,抑或是公司的各种庆祝活动等。这些场景都可以变成有价值的素材。

我有一位在珠海从事地产生意的学员。我为他的公司提供过辅导服务，当时接待我的是他们公司的副总。这位副总年轻有为、风度翩翩，手腕上戴着一块价值 30 多万元的劳力士手表，格外引人注目。我不禁好奇地问道："这是一块劳力士手表吧？"他微笑着点了点头，然后告诉我，这块手表并非他自己购买，而是老板的馈赠。我追问原因，他自豪地说，这是老板对他去年卓越业绩的奖赏。后来，我与这位老板见面时，提到了那块手表，并询问他是否拍摄了相关的视频。他回答"没有"。我笑着说："这岂不是白白浪费了一个大好的宣传机会？"接着，我建议他重新精心包装那块手表，再郑重地送一次，并将这个过程用视频记录下来。

记住，身为老板，你的每一个举动都可能成为宝贵的素材。你干什么就拍什么，不必刻意追求完美。剩下的视频分发工作，就交给系统吧。保持自然，记录下真实的工作场景，让观众更加真切地了解你的日常工作和生活。如果你对如何利用这些素材感到困惑，不妨参考一下安英或博商的抖音账号，那里有丰富的案例供你学习和借鉴。

短视频平台的推荐算法非常精准，**你是卖什么的就吆喝什么，吆喝什么就拍什么，系统自然会将你的视频推送给那些对此感兴趣的人**。很多人可能会问，怎样才能更好地变现呢？这里给出 12 个关键词，请看下面这张图。

引导用户转化的12个关键词

| 买什么 | 买哪个 | 多少钱 | 在哪儿买 | 有哪些 | 值不值 |

| 别买错 | 不要买 | 怎么办 | 怎么买 | 为什么 | 怎么样 |

这12个关键词都是用户在考虑购买产品时常用的搜索关键词。其中包括买什么、买哪个、别买错、为什么、怎么办、值不值等，在用户进行购买决策时频繁出现，它们聚焦于用户的需求，是在用户考虑购买产品时的关切点。

以直播相机为例，当用户想购买相机用于直播时，可能会搜索诸如"直播相机买哪个"等关键词。一旦找到了符合需求的相机，用户可能会进一步搜索"3万块钱的相机值不值"，或者在使用一段时间后搜索"出现问题怎么办"。

仔细看这12个引导用户的关键词，它们不就是线下很多商铺老板在"吆喝"时说的话吗？如果你去商场买衣服，导购就会问你："要买哪件衣服？"或者，为你提供参考："那件衣服不合适。"进一步给你建议："这件衣服好。"线下购物中一些引导用户的方法，放到线上同样适用。

可以按照这12个关键词去制作视频，在短视频中吆喝你的产品。我还为大家准备了12个视频（下面为视频截图，具体的视频文件见本书配套资料包），虽然这些视频里吆喝的内容可能与你的行业不相关，但通过学习这些视频，你可以将其中的技巧运用到你的视频中，结合这12个关键词进行吆喝。

关于短视频的拍摄，我分享一个非常重要的思路，称为"掘坟"。这个思路的具体实现方式是，在本书配套资料包提供的大量视频中，找到每个视频左上角的账号名字，然后通过搜索，找到这个账号。有的账号上已经有好几百条视频。例如，你找到了 12 个账号，一个账号里可能有 500 条视频，合计数千条视频。研究这些视频，你将豁然开朗，因为你不仅能够从单条视频中获得灵感，还能从对大量视频的研究中发现更广泛的运营策略，更好地理解在抖音平台上怎么吆喝，拓宽新媒体运营的思路。

上面截图中的老板也是从事商业活动的，与我一样都是在经营生意。他们以非常直接的方式宣传，拥有相当高的流量，成功地实现了变现。许多老板在观看他们的视频后，认为这些吆喝手法确实非常出色。然而，有的老板可能会说："我无法像他们那样在视频中流畅地吆喝。我的表达能力暂时无法与他们相提并论。我感到困惑，不知道该怎么办。"如果你觉得自己的吆喝能力有待提高，可以看看下图对应的视频（见本书配套资料包）。

呈现配置

形式：视频
场地：户外，哪儿都行
道具：大白纸
动作：无
台词：无
景别：全景或中景
剪辑：会打字就行

这个视频中的人并没有说话，只是拿着一张纸站在外面，纸上写着包含了前面所讲的关键词的文案。这样的方式在播放量上取得了很好的效果，达到了几千次。尽管这个人只是举着一张纸，配了点儿背景音乐，但这也算是一种吆喝的方式。这种方式也是有效的，不一定非得说话。有时候，流量低不是因为你说得少，而是因为你说得多且不擅长表达。

有人可能有疑虑，不愿意在视频中露脸。如果你不想露脸，也是有办法的。请看下图对应的视频。

呈现配置

形式：图文
场地：无
道具：无
动作：无
台词：无
景别：无
剪辑：会打字就行

上图对应的视频说明，即使不露脸也能获得很高的流量。可能还有人不仅不想露脸，也不想露手，而且不会配文案，那么是否还能在抖音上做视频账号呢？我们可以看看下图对应的视频。

你会发现在抖音上就算不会说中文，也同样能够吆喝，吸引不少流量，实现高销量。无论你是什么风格，都可以找到适合自己的方式。

有些人可能会纠结于各种细节，不知道怎么办，其实直接做就行。在抖音上吆喝没有那么复杂，只是你把它想得太难了。

下面为大家进一步介绍吆喝的方法。吆喝可以分成多种。

第一种是直接吆喝。**直接吆喝指的是直接说出产品的定价，即便很贵，也要大胆自信地表达出来**。例如，有的视频开头这样宣传："一个月赚不着 5 万的给我划走，一个月赚不了 30 万的给我划走。"这种方式可能会使一些观众感到不舒服，甚至会直接在评论区发表想法而引发争议，而这正好筛选了用户群体，剔除了很大一部分非目标用户。这就是直接吆喝的方式。

看下图对应的两条视频，你就会有很大的启发。这两个老板都非常自信。其中一个老板说："1980 元的海蓝之谜我们都是拿来拓客的，我们家的员工都比你洋气，你没有钱不要来我们门店。"这种表述显然会让不少人感到不适，但我们深入了解才发现，这家店的老板是认真分析了用户画像后，故意在视频中这样说的。老板用话术直接隔离掉部分群体，而因此引发的大量评论，也给这条视频带来了较多曝光量。非常好！你可以将产品低价卖出，但如果你的产品价格很高，也要直接说出来。

另一个老板卖的是大肠头和肥肠，平时的价格在 30~40 元一斤。有人问他为什么这么贵，买不起怎么办？他的回答是："买不起就别买，吃不起就不吃。我只服务这个城市的精英，你买不起就去努力，什么时候成功了再来买我的产品。"如果你是企业老板，你敢说出这样的话吗？这个老板在视频中还强调："你们只需负责赚钱，到我这里来花。"这个老板用有点儿极端的表达方式展现了对自家产品的自信。他直截了当地告诉顾客产品的价格,顾客想买就下单,不想买就算了,他可能会回怼顾客,但这样似乎也吸引了流量。我们可以从中借鉴思路,当然还是要避免使用极端言论,但可以把产品价格、目标人群直接吆喝出来,锁定目标人群,制造一些"槽点"。

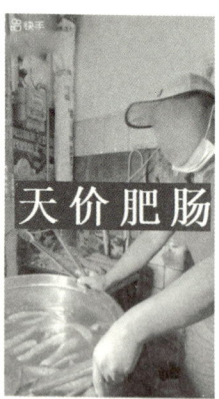

直接吆喝

用户需求点	值不值
内 容	打广告
呈 现	口播,二人对话
消费决策点	高端店

很多人没有试过直接吆喝,就是因为之前没有这么想,不敢这么想。但敢于尝试,才能够获得不同的结果。

第二种吆喝叫作间接吆喝。看看下面这张图。

吆喝内容一览表

环境	服务与价格	老板与员工	顾客反馈	产品来源	购买方法
干净吗?卫生吗?大气吗?我是否喜欢?	服务如何?价格怎样?	老板人怎样?员工怎样?团队文化如何?	是否满意?是否强推?	一流供应商	团购教程
产品	细分品类	差异化	新设备与项目	行业观点	客户故事
你是干什么的?	具体做什么的?	有什么不一样?	专业特点	挑战权威	责任感温度
原生、真诚、自信			直播成交		

间接吆喝的核心**是对比，通过对比来吸引顾客的注意**。为什么建议顾客买你的产品而不是别人的？为什么同样的产品别人卖得便宜，而你却卖得贵？你可以在视频中解释这些问题，用产品进行对比。请看下图对应的视频。

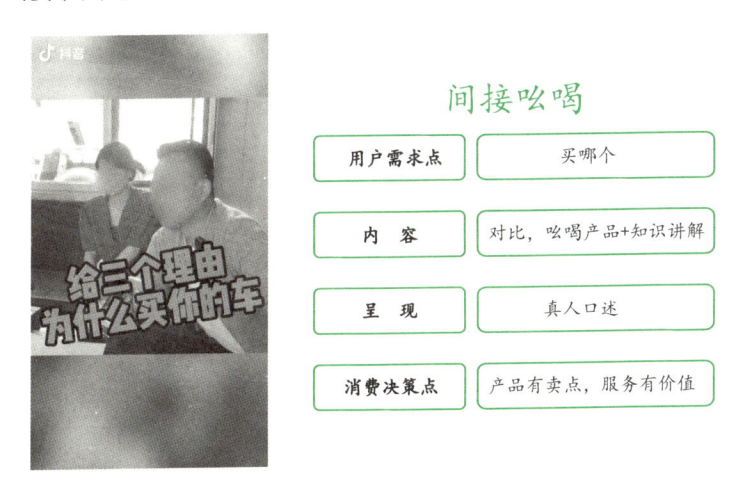

间接吆喝

用户需求点	买哪个
内　容	对比，吆喝产品+知识讲解
呈　现	真人口述
消费决策点	产品有卖点，服务有价值

你还可以吆喝客户看不见的内容，也就是吆喝"内幕"——企业内部的人能看见而外部的人看不见的内容。这种方式旨在营造一种独特、猎奇的感觉，激发客户的好奇心。我们来看下图对应的视频。

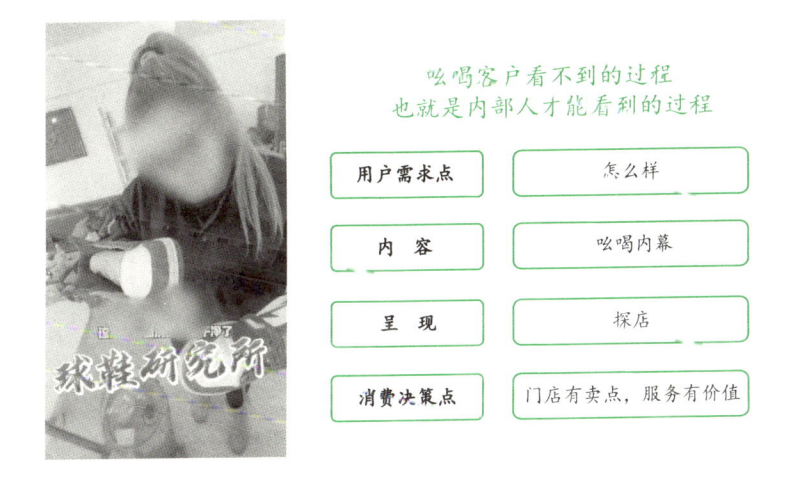

吆喝客户看不到的过程
也就是内部人才能看到的过程

用户需求点	怎么样
内　容	吆喝内幕
呈　现	探店
消费决策点	门店有卖点，服务有价值

这个视频告诉我们，作为实体企业，手机镜头所到之处都可以作为企业对外宣传的内容。相信很多企业都有过这样的场景：比如今天是端午节，大家都放假了，但生产中心和工厂的同事却在按照生产计划加班生产。通常，客户只能看到产品，看不到企业的员工是如何生产的。这时候，如果老板拿起手机，拍下这个画面发出去，客户就会了解到，原来这家企业的员工为了如期交付订单在如此努力地工作，真是敬业。这种方式通过展示企业内部的努力，让客户更深刻地了解企业的专业度和团队的敬业程度。

第三种吆喝方式叫作吆喝技术。我们一起来看下图对应的视频。

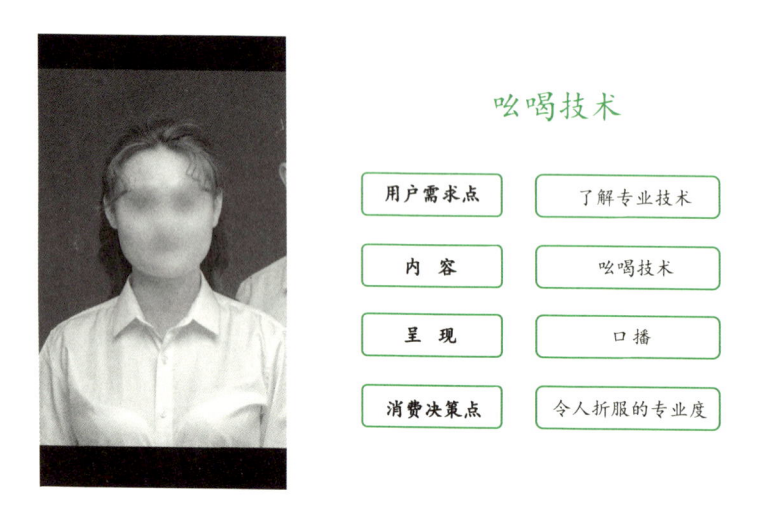

吆喝技术

用户需求点	了解专业技术
内容	吆喝技术
呈现	口播
消费决策点	令人折服的专业度

看完视频，你会发现一个简单的修照片的过程也可以变得非常有趣，这就是吆喝技术。不要忘记那句话："熟悉的地方没有风景。"如果你在自己的行业拥有一项技术，让很多人觉得很神奇，那么你就可以直接吆喝这项技术。别忘了，对于你来说这可能是稀松平常的事情，在别人看来可能会觉得了不起。就像视频里的修照片技术一样，对修图师来说是普通的操作，但我们却觉得很神奇。

有时候，大家拍摄的内容都差不多，不足以让人下定决心做出选择。比如，一条街有4家书店，都差不多，顾客不知道该去哪家。但如果他看过一家书店拍摄的视频，体现了店内服务人员的热情和细致，老板有情有义，实在可靠，那么顾客对这家书店的好感度和信任度肯定会大大提升，会优先考虑去这家书店。所以，你还可以吆喝你的门店和员工。我们来看下图对应的视频。

吆喝门店和员工

用户需求点	门店怎么样
内容	展示员工团队
呈现	口播
消费决策点	对门店的了解

除此之外，你还可以吆喝服务。请看一下下图对应的视频。

吆喝服务

用户需求点	服务怎么样
内容	展示服务理念
呈现	口播、视频、配音，以及店面图片
消费决策点	对门店的了解

你也可以吆喝故事。让我们一起来看下图对应的视频。

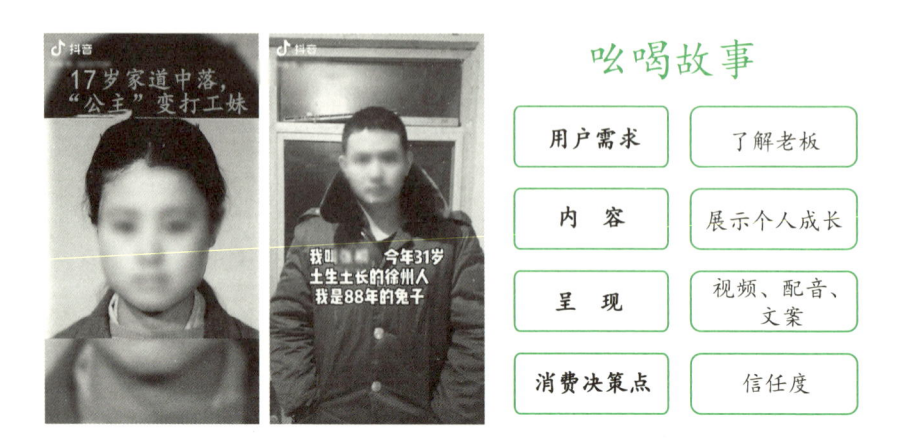

吆喝故事

用户需求	了解老板
内容	展示个人成长
呈现	视频、配音、文案
消费决策点	信任度

最后，别忘了"掘坟"。我总结和汇总了这么多好的视频案例，但是这些案例所属的账号有不止一条视频。搜索这些账号，就能发现成千上万条优质视频，模仿这些优质视频进行拍摄就可以了。

说了这么多，还有一个问题。这么多内容都可以吆喝，但并不一定需要请专业团队来拍摄。可以用真人出镜口播，比如老板拿起手机对着镜头就开始直播，也可以让员工拿着手机辅助拍摄。刚开始拍的时候会慢，会不自然，这是很正常的现象，多去尝试，就会拍得越来越顺畅。

4.1.3　建立用户信任

用户对商家的信任很大程度上决定了他的购买行为，但如果你的吆喝得不到用户的信任，该怎么办？这是一个很有深度的问题。能否得到用户的信任是一个挑战。作为立志成为优秀内容创作者的人，我们必须明白一个事实，即用户在初次与我们接触时，没有理由立刻信任我们。用户不购买我们的产品，很可能是因为对我们缺乏信任。我们不能奢望得到所有用户的信任，发一条视频就期待看到视频的人都能成为忠实用户，就好比员工取得了不错的成绩，不能要求员工在内心深处感激企业的培养。不要把自己的期待强加在员工身上，也不要把期待强加到用户身上。

内容创作者必须记住，**我们在网络上展示自己的那一刻，用户通常是不信任我们的**。在互联网时代，人人皆可发表言论，是非一张嘴，好坏也是一张嘴，用户该相信谁？通过口头陈述来表达自己是不足以赢得信任的。那么，如何才能赢得信任呢？或许下面的这张图能够为大家提供答案。

能做图片不用嘴；
能用场景不用嘴；
能用行为不用嘴；
能做视频不用嘴；
能用别人的嘴说，
决不用自己嘴说。

持续重复坚定顺畅

在建立用户信任时，我们要学会用实际行动去证明自己，而不仅仅是口头陈述。比如，可以通过图片来展示和证明，而不是仅仅用嘴巴说。举个例子，在向别人介绍自己时，如果我只是说："大家好，我是旭东，已经培训了成千上万的学员。"他们可能不相信。但如果我展示所有学员的照片，他们可能就会相信了。

这也是为什么很多人的直播内容太干巴，因为他们没有用实际的证据来支持自己的言辞。比如，如果你是美容院老板，就不要只是口头描述美容院的环境，而是展示美容院的照片，让客户通过图片来信任你。同样，在直播中，展示场景也是一种有效的证明自己的方式，不要仅口头陈述。

更重要的是，要学会用别人的嘴巴说，而不是只靠自己说。他人的评价和推荐更能让人信服。客户看到别人对你的好评，会更容易相信你。同样，产品的好坏也可以通过老客户的评价来证明，已用过产品的客户说出产品的优点，会更具有说服力。

要知道，在短视频中不能只用自己的嘴巴来表达，真实场景、多视角呈现更加重要。与客户交流时记录下的客户眼神，在视频中插入的图片、背景素材等，都有助于打造全面的企业形象与个人形象，让客户喜欢你、信任你。

希望本节的内容能够给你带来启发。学到的知识如果不付诸实践，就不会有用。关键在于行动，大家赶紧行动起来吧。

4.2 短视频拍摄和剪辑

本节将介绍短视频拍摄过程中涉及的灯光和麦克风，以及剪辑工具。拍摄短视频时最常见的问题就是视频画面不清晰。其实在拍摄之前，第一步既不是打光，也不是找背景，而是先用纸巾或者擦镜布擦一擦摄像头。你会感到惊讶，原来摄像头是影响视频清晰度的"罪魁祸首"。

下面详细讲解一下光对视频清晰度的重要性。

4.2.1 光：短视频拍摄的视觉清晰度

我们可能需要在不同的环境中随时拍摄视频，比如在工厂、工地、办公室或车内等，要确保视频的主体清晰，就要学会借助灯光。在网上，有些老师会教一些调整视频清晰度的技巧，例如调整亮度、对比度、锐化和按角度调整等。尽管有一些通用的原则，但是处于不同光线条件和场景下，所做的调整也会有所不同。我们来看下面的图。

在上面的图中有一个小圆圈，代表着视频的主体，也就是我们自己。而图的背景则相当于我们在拍摄视频时的背景。观察这张图，可以看到中间的小圆圈非常清晰。为什么会这么清晰呢？因为主体是白色的，与深色的背景形成了明显的反差。

现在，将背景颜色变成灰色（见下图）。

虽然主体没有变化，但是背景与主体颜色的反差变小以后，图片变得不那么清晰。在这种情况下，如果想让图片变得清晰，并不需要改变主体，只需要调整背景颜色。

我们看一下将背景颜色换成深灰色后的效果（见下图）。

将背景颜色调整为深灰色后，你会发现图片瞬间变得清晰了。图片的清晰度与主体和背景颜色的对比度密切相关。现在，再来看下面这张图。

在这张图中，主体仍然是一个小圆圈，而背景则是一个摆满书的书架。请注意，此时如果你是观众，面对这个画面可能会感觉不知道眼睛该往哪里看，整个画面缺乏"焦点"和层次。那么在这种情况下，如何使画面变得清晰呢？我们来看下面这张图。

是的，圆圈没有变化，但是背景被虚化了。当背景被虚化时，主体就显得更加清晰。

因此，视频的清晰度与主体和背景的颜色对比度相关，与主体和背景的虚实程度相关。但最重要的第三点是光线。 想让视频变得清晰，光线是非常核心且重要的因素。处于一个漆黑的房间里，即使用再好的设备也难以拍摄出清晰的视频，所以光线的重要性不可忽视。在室内拍摄时，选择具有丰富补光效果的补光灯是非常关键的。下图所示为球形补光灯。

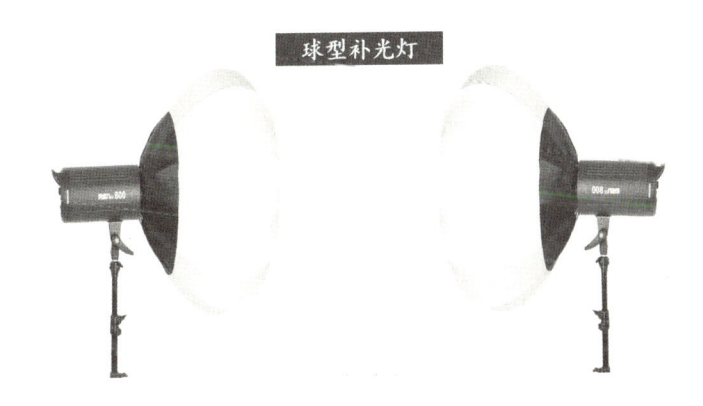

常见的方式是在主体的前方左右 45°方向分别放置一盏格栅深抛灯，在主体的右上角放置一盏球型补光灯。

光线的类型有很多，包括主光、辅光、背景光、轮廓光以及氛围光。这些是光线设置中的关键名词。我制作了下面的图，以供大家参考。

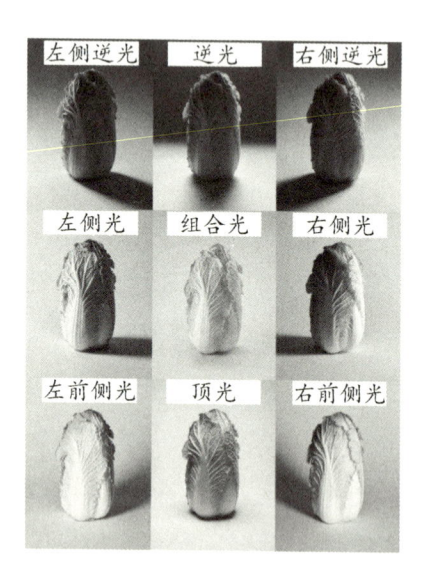

左侧逆光	逆光	右侧逆光
左侧光	组合光	右侧光
左前侧光	顶光	右前侧光

还有几个提高视频清晰度的方法：

- 如果室内光线较暗，建议尽量到室外拍摄，因为室外光线充足，拍摄出来的视频会更清晰。

- 如果必须在室内拍摄，比如在酒店拍摄视频，酒店房间的窗帘是白色的，就应该选择一种与白色形成较大反差的颜色，例如深色或者鲜艳的颜色，这样可以使主体更加突出，视频效果更好。

- 在室内拍摄时，应观察背景的主色调是什么颜色。如果要拍摄的主体是人物，则尽量找到与人物服装颜色有较大反差的背景来拍摄。

下图总结了让视频更清晰的方法。

怎样让视频更清晰

背景颜色	背景颜色与主体颜色有反差
背景虚化	做好背景虚化，使主体看起来更"实"
光的强弱	主体亮，背景暗，使主体更清晰

现在很多剪辑软件，比如剪映，自带 AI 图像增强的功能，我们可以将素材上传到这类工具中，通过云端 AI 模型提升视频清晰度。感兴趣的读者可以进行尝试来深入了解。

4.2.2　麦克风：短视频拍摄的听觉清晰度

本节讨论音频输入设备，准确来说，就是麦克风。

构成一条短视频的要素就是声音、画面和文字。声音对一条视频的影响是举足轻重的，清晰的人声也是引起观众兴趣的关键。比如有一种"吃播"，博主在视频里大快朵颐，观众感受到的除了画面的冲击，还有声音的冲击。这是因为这些博主在拍摄时配备了麦克风，通过精准的收音技术，食物在口腔中被咀嚼的声音得以有层次地传递给观众，吸引他们在这些视频前停留。

大多数人在拍摄短视频的时候，直接使用手机的麦克风来收音，如果是在密闭、安静的房间内，问题不大，但是在我们的各种拍摄场景中，大多数存在无法避免的环境音，尤其是录制口播类视频时。所以在拍摄短视频时，有很多设备是可以没有的，但**绝对不能没有麦克风**。

你可能注意到，许多新手在录制视频时往往不经意地提高自己的音量，以确保别人能听清楚。然而，这样做会影响表达的松弛度。

有了麦克风，就不用担心这个问题了。**正确而有张力的表达应该是声音有大有小、有快有慢，有音调起伏，也有留白停顿**，而麦克风正好能够起到聚拢声音、提升视频中的声音质感的作用。

麦克风的选择可能会令人困扰，到底该购买什么品牌的比较好呢？我建议你在预算范围内购买最贵的，这样做不会错。拍摄短视频时一般使用的是领夹麦。领夹麦有多种类型，包括有线和无线的，还有"一拖一"和"一拖二"的，价格从几万元到几百元不等。下图为我总结的拍摄短视频的设备清单，供大家参考。

短视频拍摄设备清单

名称	数量	型号	图片参考	参考价格（元）	备注
手机	1个	iPhone XS Max 以上		2000~6000	最好选择 iPhone Pro 系列
领夹麦	一拖二	罗德 Wireless GoII 大疆 DJ MIC 2 猛玛悦声 S1		200~2500	根据预算去选择
手机支架	1个	富图宝 DIGI-3600		50	直播录制手机、相机支撑
补光灯	1对	球形柔光灯1个 深抛灯1个		800~2000	非必选项，若场景暗则需要
稳定器	1个	手持稳定器		500~2000	非必选项

4.2.3 入门版剪辑工具——剪映

随着短视频的兴起，剪辑软件变得异常流行。下面给大家介绍一个剪辑软件——剪映。不必担心，就算你还没有完全弄懂手机的使用，也能掌握剪辑软件。对于新手而言，这些配套的剪辑软件设计得十分友好。

剪映既有手机版也有电脑版，使用起来非常方便。你可以用它剪辑视频的起始和结束部分，调整音量，导入素材，以及与音乐协调。此外，这款软件还提供了丰富的贴纸和贴片，使得剪辑出来的作品更加丰富多彩。

务必记住，只要持续练习并不断改进，你的剪辑能力一定会得到提升。特别值得一提的是，在观看短视频时，如果看到某个账号上的视频剪辑得非常流畅，字幕和贴片的搭配非常合适，一定要注意学习。将其下载下来，逐帧分析其剪辑技巧，然后尝试在剪辑软件上进行还原测试。业内很多人把这种做法叫作"拉片"，也有人叫作"拆片"，就是逐帧分析某个视频剪辑所应用的手法，包括内容和文案。通过不断练习和还原，你的剪辑能力一定会有显著的提升。

4.3 你最适合哪种视频呈现形式

在本节中，我们将探讨短视频内容的呈现形式。所谓呈现形式，指的是一条视频最后呈现在观众面前的方式，以及它可能具有的各种表现形式。实际上，我们在抖音上浏览的每一条短视频，都可以归结为几种常见的呈现形式。

4.3.1 短视频的 8 种呈现形式

短视频的呈现形式主要包括以下 8 种，如下图所示。

短视频 8 种呈现方式
（"●"代表难度等级，"●"越多表示越难）

●	●●●●	●●	●●●
图文 + 配乐/旁白	口播 （单人口播）	切片 （直播切片）	探店 （达人/老板探店）
●●●●●	●●●●●	●●	●●●
剧情段子	Vlog	视频素材 + 配乐/旁白	采访 （单/双人采访）

在上图中，每一种呈现形式都用"●"标出了难度系数，"●"越多表示难度越高。然而，需要注意的是，不要误认为难度低的呈现形式流量就一定较低，或者难度高的呈现形式流量就一定更高。流量的表现并不完全取决于呈现形式的难度。

接下来，详细介绍一下图文的呈现形式。

图文是抖音在 2021 年 6 月推出的一种内容形式，旨在与小红书竞争，其特点为结合图片、文案与背景音乐来呈现内容。这种形式不仅能展示地点信息和商品链接，而且降低了创作门槛，使得那些不愿意出镜的内容创作者和企业老板，也能高效地发布作品。比如，用产品图片，搭配文字描述，再加上一段热门音乐，就能制作出一个可以发布的作品，而且也会有不俗的流量。

在抖音上制作图文形式的短视频，有以下技巧值得注意：

◎ 选择合适的主题和题材。在制作图文形式的短视频时，要先明确主题，再开始策划相关图文内容，以确保内容能够引起观众共鸣。

◎ 注重视觉效果。为了吸引观众，应采用视觉效果较为鲜明的图片和文字形式。可以使用视频剪辑工具来增强视频画面的色彩、对比度和饱和度，使内容更加生动。同时，选用高质量的图片和视频素材，确保它们清晰、有吸引力。

◎ 排版清晰。在排版时，使用易读的字体和对比度高的颜色，避免让观众感到困惑或视觉疲劳。

◎ 把控内容节奏和故事情节。抖音上的观众偏好快节奏和引人入胜的内容。因此在制作视频时，要精心设计内容的节奏和高潮，使得观众持续关注。可以运用音乐、字幕、剪辑等手段来增强节奏感和戏剧性。另外，讲述故事或传达观点通常能够激发观众的好奇心，通过情节和叙述的引入，使短视频更有深度和吸引力。

此外，带货时也可以采用图文方式。你可以参考以下步骤。

1. 开通带货权限

首先，在抖音主页底部导航栏中点击"我"按钮，进入个人页面。在个人页面中，点击右上角的带有 3 根横线的按钮，在弹出的功能列表中选择"抖音创作者中心"选项，然后点击"全部"按钮，依次点击"电商带货"和"立即加入抖音电商"按钮，并按照系统提示进行实名认证，就能开通带货权限。下图展示了这一过程。

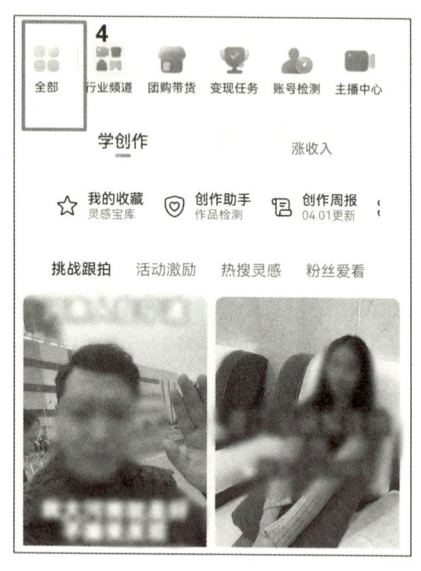

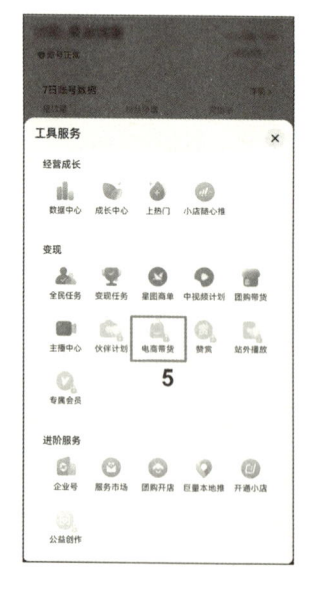

2. 选择商品

点击"选品广场"按钮，选择想要销售的商品，然后点击"加入橱窗"按钮。

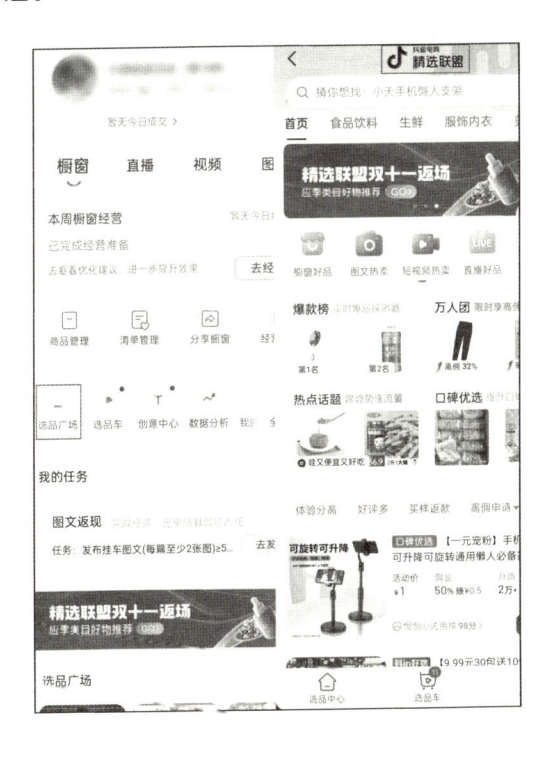

3. 制作图文

打开抖音，点击底部的"+"按钮，开始发布内容。点击"照片"按钮，再选择"相册"选项，勾选要发布的图片，点击"下一步"按钮。接着，点击"选择音乐"按钮，选择合适的背景音乐（可以选择榜单上的音乐或者你收藏的热门音乐）。然后，添加与图片契合的标题，展开"添加标签"列表，选择"商品"选项，再添加合适的商品，最后点击"发布图文"按钮即可。

商品橱窗
进入橱窗管理
抖音商城
美好生活触手可得
编辑资料 70%
添加朋友
作品
私密
收藏
喜欢
我的收藏夹
视频
音乐
模板
企业号功能使用攻略之
2294
1
首页
朋友
消息
我
滤镜
视频
照片
文字
2
玲珑灵气小窝
相册
分段拍
快拍
模板
开直播
所有照片
取消多选
全部
视频
图片
10月4日
3
一键成片
下一步
青春告别-鑫鑫
4
文字
挑战

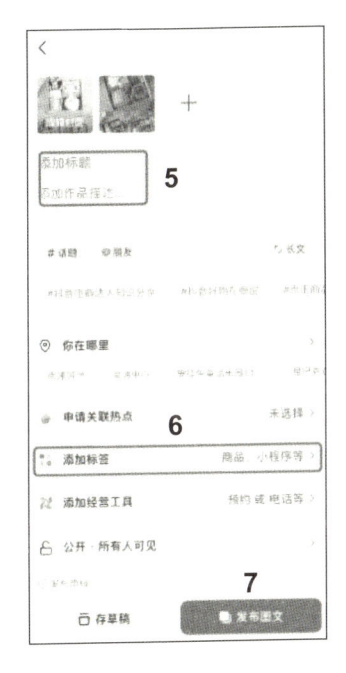

访谈或采访也是一种呈现形式，指的是在视频中就特定主题对人物提问，进行讨论或展示，以获取信息或传达观点。通常，这种形式涉及面对面的对话，其中一个人充当采访者，而另一个人则是受访者。这类视频多数为长视频。很多机构专门做这种访谈类视频，用来打造老板的个人IP。

你可以通过抖音上的视频来了解其他呈现形式，以更清晰地理解它们各自的特点和用法。

如果你是新手，建议先尝试一种较简单的呈现形式，然后逐步熟悉和掌握其他复杂的呈现形式。

特别要注意的是，**不建议新手尝试制作剧情段子**。这是因为剧情段子的制作成本较高，包括布置灯光、编排场景、准备道具、拍摄、剪辑等，对演员表现力的要求也很高。由于成本高、制作速度慢，并且流量不一定高，新手制作剧情段子可能得不偿失。

另外，口播虽然拍摄成本较低，但对主播表现力的要求很高。口播在短视频中相当于脱口秀，要求演员具有极高的表现力。

建议大家根据不同的呈现形式展示不同的内容。在观看不同呈现形式对应的视频作品后，你就能更好地了解接下来应该如何布局。

同样的内容，比如讲故事，也可以用不同的呈现形式，如采访、图文、口播等，根据具体内容选择适合的形式即可。

希望通过本节，大家能更好地理解呈现形式，并选择适合自己的方式进行创作。

4.3.2　如何快速提高口播表现力

有没有什么方法能够快速提高口播表现力呢？确实有一些方法。大家可以观看一下我女儿的视频（见本书配套资料包），她展示了一些有效的技巧。

我女儿4岁，通过我的口才训练方法，她成功呈现了一条拥有30多万次播放量和5000多个点赞的视频作品。或许有人认为这只是因为我口齿伶俐，而女儿也继承了我的优良基因。然而，这些都是有技巧可循的。实际上，我女儿的那条30秒的视频是由15个片段组成的，每个片段仅包含一句话。对于30秒的内容，如果要将每个片段都以富有张力的方式表达出来，确实是一项不容易完成的任务。但是，如果我告诉你只需将每句话表达得精彩生动，你是否就有信心和能力做到呢？

要快速提升口播表现力，有 3 种方法。

第一种是"**看一句，录一句**"。例如，可以先将整个文案按照语句逻辑分成若干小段，然后逐句录制。比如："大家好（看提词器），我是叶旭东（看提词器）。今天见到大家非常高兴。"这种方法或许看起来有些烦琐，但在剪辑完成后，去除看提词器的多余片段，呈现出来的效果就是："大家好，我是叶旭东。今天见到大家非常高兴。"这样可以确保每一段都充满张力和表现力。许多成功的口播博主在抖音上都采用这种方式。

第二种方法是"**借用道具**"，即使用手机等工具。通过手机，你可以进行直播、发微信等，使得你与观众之间更亲近，避免过于正式而有说教感。利用手机可以制造更有趣的内容，增加观众的关注度。

第三种方法是"**情绪法**"。在口播中，赋予文案情感是非常关键的。人有喜、怒、哀、乐等情绪，运用适当的情感，可以让文案更有生命力，让观众更容易产生共鸣，从而提升口播的表现力。

还有个口播小技巧，就是在录制视频之前，熟读文案，多读几遍，在读的过程中要注意你想表达的重点，在关键的地方把逻辑重音体现出来，这样你的口播视频看起来就会更加顺畅且富有张力。

表现力是通过长期的刻意练习才能提升的，没有速成法。希望通过上述方法，你可以更好地提升口播的表现力，使得内容更加生动有趣。

4.3.3 拍摄前的检查清单

在发布短视频之前，我们需要切换到用户视角，考虑用户在观看后可能产生的感受。下面提供一份清单，即作品发布前的清单，如下图所示。这实际上是一份自检清单。

作品自检清单——8个核心问题

素材是否丰富	新人拍摄时表现力不足，要通过增加视频片段的方式提升整体视频观感，使用户停留
节奏是否快	所谓节奏快，即一两秒就切换一个视频素材片段
出镜人张力是否够大	在生活中略微夸张的动作，放到视频中就正好。所以，语速尽可能快，声音尽可能大，这是提升张力的关键
内容是否简洁	删除文案中的废话、车轱辘话，只留下核心内容。测试方法是，一条30秒的视频内容可否仅用20秒甚至10秒讲完且不改变核心主旨
内容是否利他	用户不会为你点赞，只会因为你的内容解决了他的问题而默默收藏
内容是否为原创	前人摸着石头过河，我们跟着前人过河。在创作伊始要先调查这类内容是否经过了平台的验证
内容定位是否明确	不要奢求用户看完视频就学会，而是让用户有明确的获得感
快速行动，不要完美主义	尽快开始第一个作品，持续优化与更新才是成功的秘诀

这份自检清单，也被称为解语，要点包括：

◎ 积累素材。根据文案搭配不同素材，快速切换，用画面、音乐、旁白等刺激用户的大脑，让其无法离开你的短视频。

同时，出镜人的表现应该饱满些，快速简要地表述观点，不拖沓。

◎ 筛选内容。在选择视频内容时要多思考，找到目标用户关注的内容，使用户有获得感。所谓获得感，就是将略微繁杂的知识用大白话讲出来，让用户听得懂，而且听完之后让人有"我学会了"的感觉。

◎ 要根据每一个作品的播放数据不断复盘，持续优化。这样，作品的质量才会不断得到提升。

第5章

爆款选题，利用脚本模型轻松输出优质短视频

叶老师对你说

不要刻意追求爆款,如果爆款是 100 分,作为企业只需要追求 60 分就可以了。

正是因为短视频难才要"死磕"短视频。要是不难,全都是热门视频,也就没有意义了。

前人摸着石头过河,我们跟着前人过河。

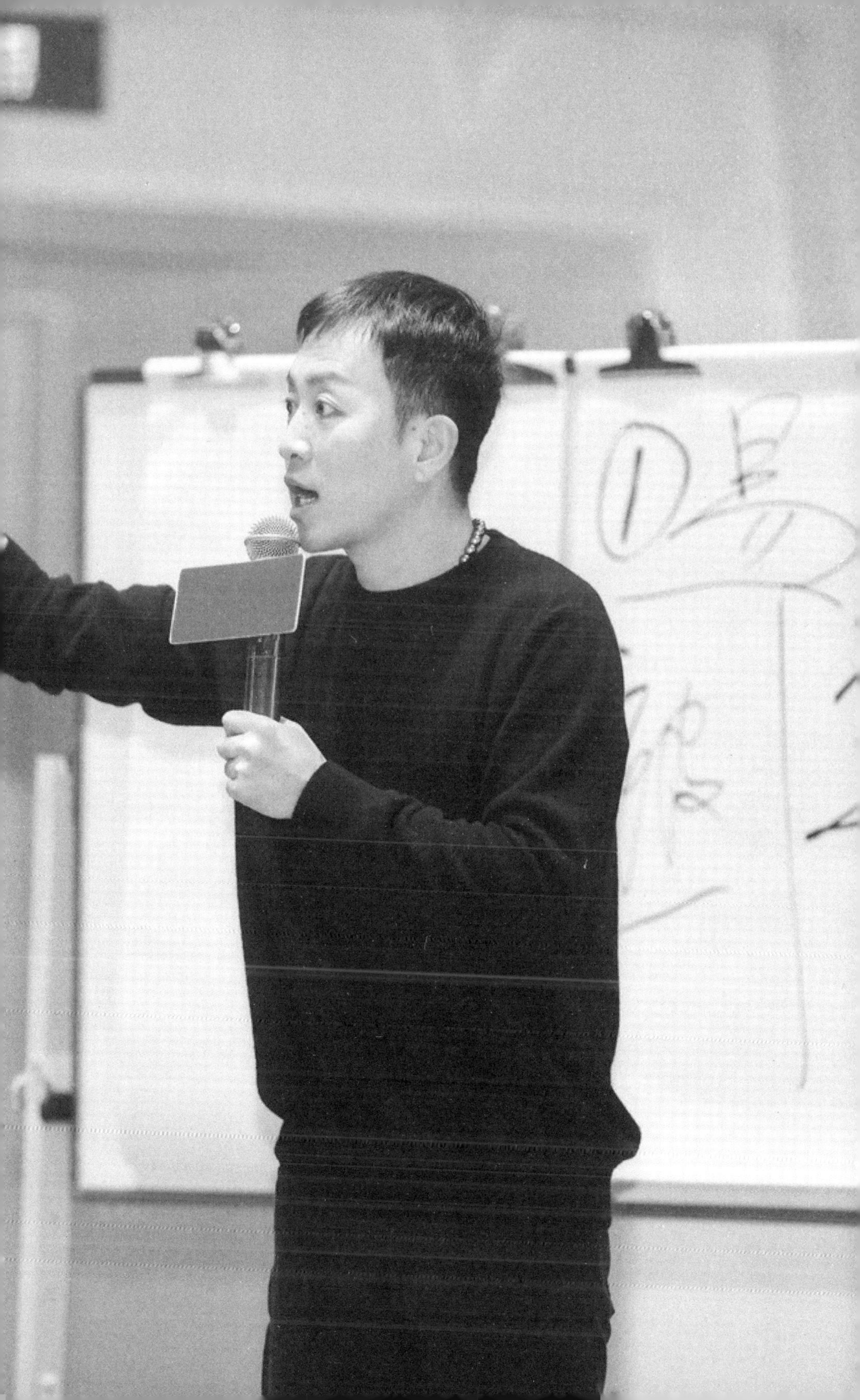

我们发现，很多爆款视频都是从一个爆款选题而来的。相信很多人都听过这样的说法："选题决定了流量的天花板。"选题代表着人群的兴趣点，如果一个选题覆盖的人群广，和目标用户贴合紧密，就是优质的选题。有了选题，后面再配以不同的脚本，就能制作出多条视频。而企业持续输出短视频靠的则是脚本模型。

5.1　4种可复制的高流量脚本模型

在本节，我们将了解短视频的脚本模型。你可以把脚本模型看作模具。举例来说，如果两个人要做月饼，要是其中一个人不知道怎么做，就可能会花很长时间，而且做出来的月饼不好看，效率和数量都很低。而如果有模板，只需要准备好面团，用模板一扣，就能够快速做出很多优质的成品。在内容创作中，也是一样的道理。

内容创作有其特定的内在逻辑。就像30岁之前我们只相信看得到的东西一样，而30岁之后，我们开始相信很多看不见但存在的东西，比如航天飞机的航道。对于内容创作，不仅要看到其表面的呈现形式，更要了解其内在逻辑，这样才能够得心应手。

下面将介绍4种特别常用的内容获客的脚本模型。这些模型将有助于企业在抖音上进行内容创作，吸引更多的用户。希望这些模型能够对你有所启发。

5.1.1　"教干货"的脚本模型

我们要学习的第一个脚本模型是"教干货"的脚本模型。这种脚本模型适合那些信息差较大的行业。什么是信息差大的行业呢？我用一个例子来解释。比如笔的使用，就没有太大的信息差。你不太可能看一条短视频，其中有人说："今天我教大家一个小技巧。很多人都说不会用这支笔，我来说一下步骤：第一步，打开；第二步，写字；第三步，合上。关注我，每天教大家一个用笔的小技巧。"这样的内容并不是在教知识，反而更像是在演段子或搞笑。

而在信息差大的行业，比如教育咨询、舞蹈、医美、工程设计、建材家居、室内装修等领域，用户可能对其知之甚少。在这些行业，我们可以运用"教干货"的脚本模型。要注意，虽然我们说脚本模型是"教干货"的，但在输出内容时，要忘记这个"教"字，而更注重如何将行业知识传递给用户。

没有人愿意听别人直接教导自己怎么做事情。举个例子，如果你刷到一条短视频，里面有人说："大家好，我来教你怎么赚钱。"你可能会感到反感，心里想："你是谁啊，凭什么教我赚钱？"然而，如果他以一种间接的方式表达，比如"昨天我碰到了张一鸣，他告诉我，在抖音做直播时，只需做到这一步，观众立马增至 1 万人。偷偷收藏，别告诉别人，你懂的"，虽然没有明确提到"教"，但你会产生学习的欲望。这就是一种更巧妙的传递知识的方式。

那么，如何更好地实施这个"教干货"的脚本模型呢？可以分为 3 步。

第一步，关注日常难题。这个难题可能是你的，也可能是用户的。

第二步，讲难题的低成本解决方案。低成本解决指的是以经济、高效的方式解决问题。这个概念非常简单，只需记住一点，即用户所面临的困难可能已经非常严重，而对于我们来说，解决这些问题却非常简单。为什么用户要听我们的建议？原因就在于第二步，即我们提供的解决方案确实非常简单。

当解决方案变得简单明了时，第三步也就不言而喻，**用案例佐证解决方案带来的效果**，而且**解决方案不应超过 3 个步骤**，从而确保高效、经济地解决问题。

以很多家长面临的孩子不爱吃饭这一日常难题为例，我们做一个教知识的视频。

第一步，提出问题。孩子刚满 5 岁不爱吃饭怎么办？这个年龄的孩子正在成长，而不吃饭可能会影响身体发育。这是一个常见的育儿难题。

第二步，我们有非常简单的解决方案，就是采用一招——饿他两顿。这或许会让人感到意外，但实际上是一个经济高效、简单明了的方法。饿孩子两顿，可以增加孩子对食物的兴趣，促使他更愿意进食。相比之下，如果采用烦琐的 300 个小时的讲解方式，可能会使观看视频的用户感到学习负担过重，不如采用这种轻松而实用的方法。

第三步，总结与反馈。比如，你可以说我的孩子之前也不爱吃饭，饿了他两顿，食欲就非常好了。

以上步骤很简单，即提出问题，采用一招解决——饿他两顿，最后用例子说明你的方法能够有效地解决问题。

再举一个例子。面对抖音直播间观众人数稀少的问题，我们采用低成本解决的原则，确保在 3 步以内解决，最好一步解决。

第一步，提出问题。比如抖音直播间在线人数少，销售数据不好，该怎么办？

第二步，提供解决方案。比如，想要提升直播间在线人数，其实非常简单。只要在开播前和开播时发布两个直播预告视频，刷到视频且对内容感兴趣的人就会进入直播间，这样直播间人数就会有很大的提升了。

第三步，进行总结。比如，老罗的直播间就是用了这个方法，每场直播在线人数都破万，快去试试吧。

通过简单的 3 步，即提出问题，提供解决方案——发布直播预告视频，提升直播间的人气，进行总结，就能制作出一个"教干货"的视频。

我们可以进一步优化，将上述步骤从 3 步扩展为 4 步。

◎ 第一步，要注意不是简单地与用户打招呼，而是提出问题。比如，抖音直播间观众人数稀少，增加投入却效果不佳。

◎ 第二步，我们优化一下，添加背书。比如，你表示自己向抖音直播领域的专家取经，强调这位专家曾帮助 3 万家企业提升了直播间流量，用这位专家的经验进行信任背书，让用户认可你的内容。

◎ 第三步，提供解决方案。比如，在开播前，发布几条直播预告视频，分别在直播前 2 小时、直播前 1 小时、直播中发布，这样看到直播预告视频的人，如果感兴趣就会进入直播间观看了。

◎ 第四步，进行总结或加入图片。加入图片可以帮助用户更直观地理解问题的解决方案。例如，分享一张你熬夜制作的直播预告视频脚本图，告诉用户只需按照这个脚本图操作即可解决问题。这样的视频短片更稳妥，用户容易理解。

甚至，我们还可以再将 4 步扩展到 5 步：

◎ 第一步，仍然是提出问题，比如抖音直播间流量低。

◎ 第二步，添加背书。比如，以自己已帮助别人提升了流量的经历提升用户的信任度。

◎ 第三步，仍然是非常简单的解决方案。

◎ 第四步，还是进行总结或加入图片。加入一张图，比如一张直播预告视频脚本图，让用户更清晰地了解解决方案。

◎ 第五步，我们告诉用户不需要自己去思考如何创作脚本，并提供一个可以获取直播预告视频脚本的网站，或者账号，这样拿来就能用，更加快捷。

通过这种方式，我们扩展到 5 步，使解决方案更加全面、清晰和可操作，如下图所示。

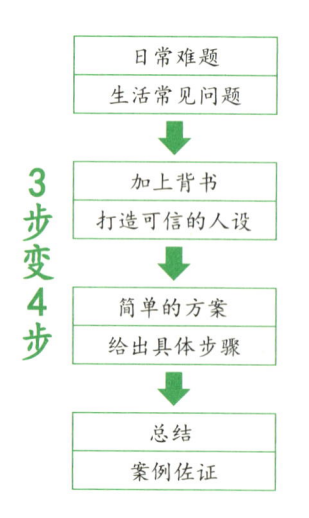

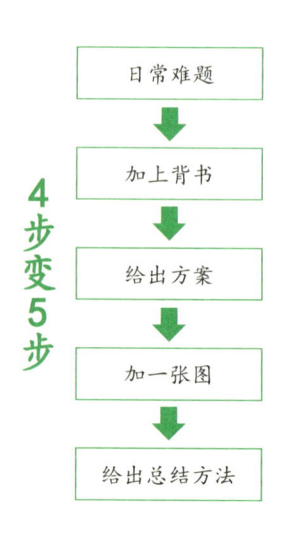

很多人会说，我不会制作图片，到哪里去找结尾加入的那种总结"干货"的图片呢？

你要认识到一点，现在是"一搜就有"的时代。许多事情无须自己亲自去做，**只要掌握了搜索的技能，就能搜到任何需要的信息**。这正是"教干货"的脚本模型的核心理念。不同行业的知识总结，这种内容的图片资源在网络上有很多，只要通过搜索找到契合自己行业的就可以。但是，你要有分辨知识真伪的能力。这里教大家一个方法，在多个平台搜索，比如知乎、小红书、思维导图社区等，那里有很多人总结的知识。刚开始时为了提升效率，可以采用"拿来主义"，但这不是长久之计，而且要处理好版权问题。

在本书配套资料包中，有一个视频案例就应用了"教干货"的脚本模型。下图为对应视频的截图。

我们来拆解一下文案。

路边停车，到底该怎么停？遇到这样的车位，你能一下子"磕"进去吗？（日常难题）

今天这期我必须放"大招"了，看老潘如何3句话教你把车停好。（非常简单，3步解决）

第一步，找到车位后，开到与前车对齐的位置，保持大约50～70公分的距离就可以了。然后，打满方向盘，你就直接开始倒车吧。

第二步，盯住左侧后视镜，当看见后车的右侧车道，哎，就是这个画圈圈的灯，就把方向盘回正，继续向后倒车。

第三步，把视线转移到右侧后视镜，当看见前门把手与马路牙子相交时，把方向盘直接向左打。（具体步骤）

接着，你就倒吧，啥也不用动。倒进去之后再调整一下就可以了。（结束）

这条视频就应用了"教干货"的脚本模型。

请思考在你的行业中，有哪些内容可以用这种脚本模型拍的，尝试拍几条视频。注意，录制视频时不要啰唆，确保思维清晰。

此外，你还可以应用相同的逻辑来创建自己的"教干货"的脚本模型。我把整个脚本模型的制作步骤和技巧绘制成下面的图，供你参考。

"教干货"的脚本模型

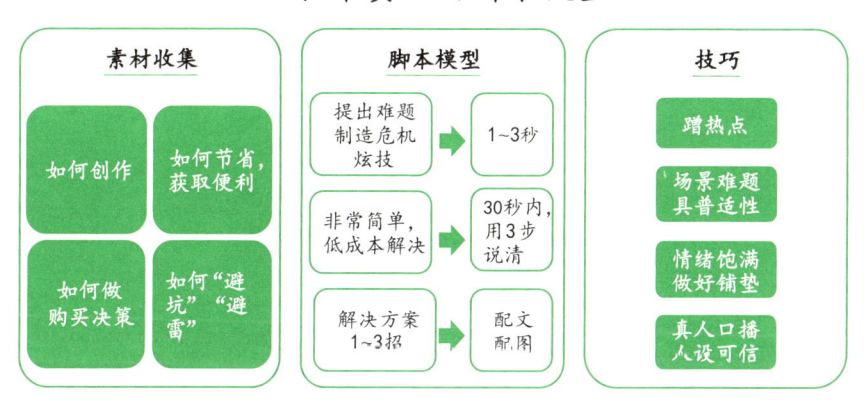

素材收集
- 如何创作
- 如何节省，获取便利
- 如何做购买决策
- 如何"避坑""避雷"

脚本模型
- 提出难题，制造危机，炫技 → 1~3秒
- 非常简单，低成本解决 → 30秒内，用3步说清
- 解决方案 1~3招 → 配文配图

技巧
- 蹭热点
- 场景难题具普适性
- 情绪饱满做好铺垫
- 真人口播人设可信

你的脚本应该保证在 1 秒内说完第一句话，然后简洁明了地介绍如何以低成本行动解决问题，最后在 30 秒内总结的具体操作步骤。按照上图所示的逻辑和方法，可以快速而有效地创建属于自己的"教干货"的脚本模型。赶紧动手试试吧！

5.1.2 "打广告"的脚本模型

我们现在介绍另一个被广泛应用的脚本模型，即"打广告"的脚本模型。"打广告"是一种在企业短视频中非常常见的技巧，因为企业使用抖音等短视频平台就是为了销售产品。很多人可能会问："我不能直接吆喝吗？"当然可以。按照前面讲的内容，只要你会简单的吆喝方法，并按照模板操作，就可以尝试销售产品了。然而，我们希望你能够更好地吆喝，更快地吸引顾客，从而实现更好的销售业绩。

"打广告"的脚本模型适用于多种销售场景，包括短视频、直播间、会议营销、招商会等。在短视频中使用这个脚本模型，可以提高销量。在直播间同样可以应用这个脚本模型吸引更多用户购买产品。即便是在线下的会议营销和招商会中，运用这个脚本模型也能取得好的效果。

"打广告"的脚本模型总共分为 4 步。我们先来看下面这张图。

上面这张图展示的是纽约街头的繁忙场景，人群密集，企业在街面投入了大量资金做广告，高楼大厦上满是广告牌。当你置身其中，可能会眼花缭乱，不知道该往哪里看。这种情景与用户打开抖音时的体验非常相似。

用户只要打开抖音，就有各种各样的短视频扑面而来，争相吸引他们的注意力。这也反映了我们生活的时代特点，即信息爆炸和内容过载。因此，对于"打广告"的脚本模型而言，如何通过"打广告"使用户在企业的账号前停留，进而关注企业产品就尤为重要。

在这个信息过载的时代，只要你的视频作品突出一点点，可能就有机会从众多视频中脱颖而出，让产品或信息在用户心目中留下深刻印象，而这正是成功的关键。有许多策略可以用来实现这一目标，如下图所示。

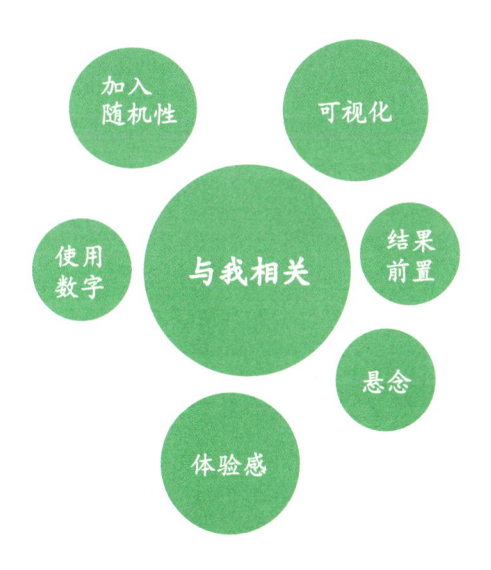

加入随机性　可视化　使用数字　与我相关　结果前置　悬念　体验感

如果在这些策略中只能选一个，我会选择"与我相关"，因为人们本质上更容易对与自己有关的事物产生兴趣。关于这一点，你可以通过客观地问自己和询问别人来验证。

在制作短视频或其他内容时，我们自己可能会觉得某些事情很有趣，但它是否能引起观众的兴趣才是关键。最终，人们最感兴趣的往往是与其个人经历或兴趣相关的事物。

假设你我有幸在线下见面，并且你参加了我的线下训练营，在活动结束后与大家合影留念。当你看到合影照片时，肯定首先关注自己，看自己的表情和笑容，眼睛是否睁得大，以及照片拍得是否好。这是因为每个人都关心自己的形象和表现。在看完自己之后，你才会注意在照片上的我，看我当时的表情和神态。你不可能拿到照片之后首先找我在哪里，那是有悖常理的。

因此，在"打广告"的脚本模型中，第一步不是简单地跟观众打招呼，而是要**圈定目标群体**。在新媒体营销平台上，可以针对不同年龄、场景、地域和状态对用户分层，确定目标群体。所有的营销号、网站甚至主播在推介产品时，第一句话通常都是对特定目标群体的呼唤。比如，北方人、30岁的人、家里有女儿的人、拥有奔驰的人、住别墅的人、在香港有房的人等。这样细分后的"打招呼"才能引起相应的人群关注，因为提到与自己相关的事物，人们更容易产生兴趣。

这就是为什么在新媒体营销中，目标群体的选择非常关键。只有引起目标群体的注意，你后面的内容才会有意义，才可以进行后续的推广和营销。

第二步是**制造场景冲突**。还记得前面提到的制作抖音视频的几个"坑"吗？其中有一个"坑"就是老板不出镜。我在培训课上讲了下面的案例。

有一位老板做了一个同城团购的皮肤护理套餐产品，售价198元。但拍视频时老板自己没有出镜，而是让一位名叫小红的员工代替。结果，小红上线后，该套餐产品销售了1000多万元。于是小红要求老板给她提成，每条短视频都要支付5000元，总计100万元。老板当时非常气愤，但小红则反问老板，一年挣好几千万元，给她100万元有什么问题。

在培训课上听到这个案例时，许多老板都被触动了。我也达到了目的：把现场听课的老板拉入一个充满冲突的场景，最终让他们自己得出结论——**谁都别求了，拍视频时自己上**。

在这个案例中，我制造了场景冲突，使观众产生共鸣和思考。

我们再来看看下图所示的案例。

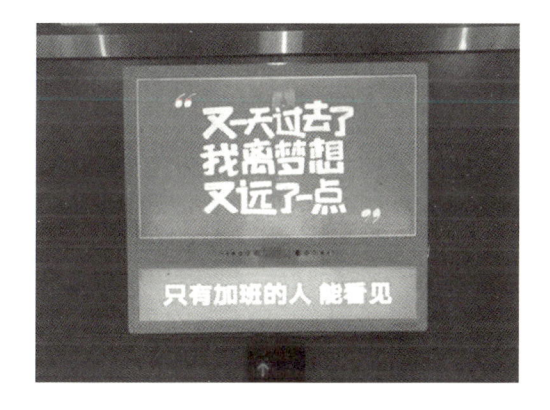

这个案例发生在一个写字楼的电梯间，里面有一块广告牌，是"脉脉"的广告。这家公司的特点是既拥有很多在职员工的联系方式，又有很多正在招聘的公司名单。广告的目的是希望电梯间里的职场人看到"脉脉"，他们可以通过其找到新工作，实现跳槽。广告的转化目标是让人们下载"脉脉"的 App。

广告牌上写着："又一天过去了，我离梦想又远了一点，只有加班的人能看见。"这个广告出现的时间是下午 6 点到晚上 12 点，意味着如果你在 6 点之前下班，就看不到这个广告；而如果你在 6 点之后下班，就有机会看到。

一个年轻男孩，大学毕业后从事雕塑设计行业，工作努力但未找到好工作。一天，他计划和女友共度周末，但被要求加班改设计方案，导致无法如愿与女友共进晚餐和看电影。女友表示理解但很生气，男孩一直忙碌到深夜，下班时在电梯间看到了广告牌上的这句话。

这个案例通过生动的故事，展示了工作与生活的冲突。只有加班的人才能看到这个广告，让人忍不住思考：如果是自己的话，是继续留在这样的公司天天加班，还是通过"脉脉"App 找到更好的机会。这是制造场景冲突的一种巧妙方式。

场景冲突意味着你需要将用户置于一个特定的场景中，以引发情绪反应。假设一个人在凌晨 3 点多才结束工作，他就身处一种特定的场景中。加班到天明是什么感受，加过班的人会知道，观众很容易代入。

不同的场景能够唤起不同的情绪，而情绪又会对我们的决策产生影响。想象一下，一个人身处阳光明媚的广阔大草原上，可能不会感到害怕。但是，如果他待在一个封闭黑暗的空间，可能立刻就会感到紧张。因此，请思考一下，你的产品是否能让用户立刻产生购买的冲动？如果不是的话，你就需要把用户拉到一个特定的场景中，让他们对现状感到不满，从而激发他们产生改变的想法。这就是我们在明确目标群体之后的第二步策略——制造场景冲突。只有制造有冲突的场景，才能唤起用户的情绪，并促使他们做出积极的决策。

在第三步中，我们**专注于产品的亮点**。一旦成功制造了场景冲突并引发了用户的情绪，我们的产品便能够自然而然地出现，而且"恰好"解决用户所面临的困境。

在第四步中，则需要采取进一步的行动。

我们来看一个实验案例。有一家专门销售鞋子的公司，他们经常面临的一个问题是，顾客站在柜台前，面对两双外观几乎相同，只是颜色不同的鞋，陷入了选择的困境，不知道是买哪双，还是两双都买，或者都不买。

为了解决这个问题，他们进行了一次实验。当顾客陷入纠结时，店长走过来说："女士，你的眼光很好，手里拿着的这双鞋是最后一双了。如果你现在购买，我可以申请给你打八五折。我们需要腾出这个货架，以展示更多其他款式。"

当店长说出这样的话时，顾客两双鞋都不购买的概率就被大大降低了。这印证了第四步的重要性。

在第四步中，我们需要采取措施来**进一步增强用户的购买意愿**。可以考虑使用促销活动或优惠措施吸引用户，并鼓励他们立即采取行动。当用户产生了情绪，陷入纠结状态时，一旦看到解决方案，他们便会产生兴趣。

这就是"打广告"的四步法：圈定目标人群，激发用户情绪，展示产品优势，提供优惠活动。这也是产品营销中常用的方法，如下图所示。

"打广告"的四步法

圈定目标人群	激发用户情绪	展示产品优势	提供优惠活动

下面详细介绍这些步骤。

第一步是圈定目标人群，也就是确定产品的目标受众。举个例子，假设我们以经常出差的用户为目标人群。

第二步是制造场景冲突，激发用户情绪，即通过描述一个与目标人群相关的问题或挑战来引起他们的兴趣。继续上面的例子，我们制造一个场景冲突，比如用户下周要到总部出差，但因为级别较低,住宿的酒店没有提供熨烫机,这给用户带来了困扰。

第三步是展示产品优势,突出产品的独特卖点。对于上面的例子,我们就可以介绍一套便携式熨烫机,它便携又便宜。这款熨烫机可以快速熨平衣物褶皱,而且在坐飞机时可以托运,十分方便。

第四步是提供优惠活动,即提供特别的折扣或一些赠品来吸引用户。对于上面的例子,我们可以告诉用户,只需花 30 元就可以购买这款熨烫机,比去店铺熨烫衣物更实惠。此外,用户在下单时还可以获得 3 个便携式衣架和 3 元一份的吸水毛巾。如果用户再购买两套产品,还可以额外获得一套相同的产品。

按照这样的脚本模型进行营销,可以显著提升效率并吸引用户的兴趣。这种方法不仅适用于直播间售货,而且在各种销售场景中都能广泛应用,如下图所示。

行业	圈定目标人群	激发用户情绪	展示产品优势	提供优惠活动
三农	减脂期间不知道吃什么的看过来	还在天天吃水煮青菜？	香甜、软糯,童年的味道,吃了不长胖的玉米	产品数量有限,库存不多
教育	想让孩子暑假学游泳的家长注意了	想带孩子学游泳,又怕机构不专业	国家级认证的教练	暑期班×××,3天后恢复原价
美妆	沈阳的敏感肌姐妹	什么化妆品都过敏	纯天然,植物提取成分,温和无刺激	只有前 10 个客户可以获赠××一次
服装	小姐姐们看过来	有小肚子,腿粗,穿衣服显胖	高弹精梳棉,立体剪裁	最后 10 分钟,限时秒杀

5.1.3 "拍过程"的脚本模型

接下来，我们将探讨如何更好地制作"拍过程"的短视频。在这一类短视频中，如果不进行适当的讲解，观众可能会产生误解，认为你只是简单地罗列过程，没有深入地解说细节。但是，我们的目标是以更出色的方式来展示过程，而不是流水账式地介绍。因此，"拍过程"的脚本模型是必不可少的，它能够确保我们在短视频中清晰地传达有趣的信息。

以一个例子来说明流水账式的"拍过程"。假设我们来到一个名为博商的地方。在短视频中，我们通过开场白向观众表达问候，并展示一些场景，比如办公室、教室和录音棚。我们用兴奋和愉悦的语气来描述这些场景，表达我们的开心。这种方式就是流水账式的，它只是简单地展示了一些场景。

流水账式的"拍过程"，仅仅展示过程的步骤，而缺少对过程的解说和探索，没有突出其中的亮点，既没有深度，也缺乏创意。

"拍过程"的目标是全面展示过程的各个环节。我们可以详细描述每个环节的起因、经过，以及中间结果，使观众能更好地理解你所展示的过程，并欣赏其中的细节和亮点。

"拍过程"的脚本模型就是通过更具深度和创意的方式来展示起因、经过、结果等内容，而不是简单地流水账式地介绍。

一条精彩的"拍过程"视频通常采用三段论结构。首先，将最引人注目的爆点放在开头，以吸引观众。其次，在中间部分展示专业知识和技能。最后，在结尾部分通过强烈的对比或令人印象深刻的效果让观众产生"哇"的感觉。其中，**建立期待**是脚本模型的核心。

下面详细介绍具体的步骤。

第一步是**开场"暴击"**。在短视频的开头，需要抓住观众的期待，用有冲击力的画面、声音和文字留住他们。例如，在店铺招商的视频中，开头可以讨论观众最关心的问题，比如加盟能否赚钱以及回本时间。

第二步是**展示你的技术**。在短视频的中间部分，可以展示自己的专业知识和技能。继续上面的例子，在企业招募加盟商的视频的中间部分可以展示店铺选址、包装和营销技巧，让观众了解你的专业能力，并建立起信任和引发兴趣。

第三步是**呈现强烈的对比与反差**。在短视频的结尾，我们可以展示令人印象深刻的对比。还是以企业招募加盟商的视频为例，结尾可以是主持人向王总报告，说今天又成功签下了一笔 10 万元的合同。这种对比可以让观众看到成果，增加他们对你的信任和兴趣。同样，减肥视频也可以使用这种模式，结尾可以展示主持人成功瘦身的结果，通过音乐和视觉画面，让观众看到立竿见影的效果。

通过以上 3 个步骤，我们可以吸引观众的注意力，提升流量和影响力。

在短视频中展示过程后，还可以继续讲故事，以进一步吸引观众的注意力。（相关的视频案例见本书配套资料包。）

5.1.4 "聊故事"的脚本模型

接下来,我们将探讨"聊故事"的脚本模型。在电影《误杀》中有两句经典台词引人深思,大意是,当一个人观看了1000部电影时,剧情就变得乏味,没有新鲜感;当一个人破了1000个案子时,案子也变得乏味,没有新意。这引发了一个问题,你是否曾经注意到许多商业电影的底层逻辑都非常相似?以《倚天屠龙记》和《蜘蛛侠》为例,它们的故事模型是一样的:一个普通的小男孩在经历一系列事件后,改变了命运,最终成为超级英雄,拯救了世界。这种故事模型在许多作品中都存在。

因此,我们可以总结出"聊故事"的脚本模型,如下图所示。

"聊故事"的脚本模型

让我们聊聊这个故事	1 人物介绍	2 发生变化	3 过程坎坷	4 结局美好
	交代人物情况,锁定目标群体	愿望、理想情感、亲情爱情、友情	阐述过程的曲折与不易	结尾完美,给人希望

第一部分首先介绍人物的背景,他从哪里来,他的职业是什么。接下来的第二部分讲人物发生的变化,人物受到某种困境的驱使——可能是家庭、感情或职业等方面的问题,想要改变当前的状况。第三部分则讲述人物改变现状和追求目标的过程。这个过程一定是曲

折、坎坷和不易的。第四部分讲述尽管人物经历了艰难困苦，但其最终仍然有美好的结局。这 4 部分就构成了"聊故事"的脚本模型。

在这个脚本模型中，有几个核心点。第一个核心点就是，**不说废话，情绪密集**。这意味着在讲故事时要避免冗长或无关紧要的内容。

什么是废话？在"聊故事"的脚本中，废话指的是无法激起观众情绪的话语。那么，在短视频中有哪些情绪非常流行呢？

第一种情绪是**共鸣**。当你看到某个情节时，会连连点头说："对对对！我也是那样！"这就是共鸣。

第二种情绪是**同情**。当你看到某人遭受痛苦时，会感叹道："哎哟，看着真疼。""哎哟，怎么这样啊？""哎哟，好可怜。"这就是同情。

第三种情绪是**羡慕**。当你看到某人赚钱非常多，或者某人身材非常好，或者夫妻和睦，或者婆媳关系非常好，会感到羡慕。

第四种情绪是**八卦**。当你听到一些意想不到的消息时，比如叶旭东原来是个女的，或者大 S 他们家的床垫给了谁，你会感到八卦。

第五种情绪是**支持**。当你认为某种行为是正确的时候，会说："这样做就对了。"这就是支持。

如果脚本的每一段文案都无法触发这 5 种情绪中的任何一种，那就叫作废话。

"聊故事"的第二个核心点是**表达流畅，速度要快**。（相关的视频案例见本书配套资料包。）

很多老板在拍视频时，尤其是在"聊故事"时，喜欢绕弯子，慢慢讲："大家好，我是一个创业者。我为什么要创业呢？我也不知道为什么要创业……"非常拖沓无趣。

请记住，**文案可抒情，表达别矫情**。在短视频中，只有表达速度快且流畅才具有说服力。

第三个核心点是**丰富的图片和视频素材**。仔细观察，你会发现好的短视频每 1 到 2 秒就切换一个素材。比如提到篮球，视频中就出现一个篮球；提到车票，就出现一张车票；提到划船，就出现一条船。为什么你的视频流量低呢？因为你的视频中从头到尾可能只有一张图片，视觉信息太少了。（相关的视频案例见本书配套资料包。）

因此，一条成功的"聊故事"的视频不仅要情绪密集、表达顺畅，还要有丰富的图片和视频素材。给大家一个建议：以后遇到这样的优秀视频时，不要只在抖音上观看。因为一旦开始观看，你就会被带入剧情，而忽略了如何提取其中的文案关键点。所以，请留意那些成功的"聊故事"的视频都用到了哪几个核心点，以及每一点如何激发你的情绪。只有这样，你才能看出其中的奥妙。

5.1.5　内容配比

在了解这么多脚本模型之后，很多读者都会提出一个问题：那么，应该输出多少条"教干货"的视频？多少条"聊故事"的视频？这就涉及账号运营中的一个关键词，即内容配比。

首先，我问一个问题：如果接下来你要输出 10 条视频，那么按照很多行业内的运营老师提出的"5221"的内容配比法则，应该是5条"聊故事"的视频，2条"教干货"的视频和2条晒过程的视频，1条传递观点的视频，对吗？

我可以很明确地回答：不对。为什么这样的固定配比不正确呢？因为账号在不同的运营阶段，需要采用动态的内容配比。每一个账号当下的状态是不同的，有的需要通过优质的"教干货"视频来涨粉，有的需要多打广告，增加产品曝光度。近年来很多大V和网红人设崩塌，要么偷税漏税，要么直播"翻车"，此时他们账号的状态已经改变，如果还在用固定的内容配比运营，显然是错误的。一旦遇到了舆论危机，就说明你正在失去用户的信任，应该及时调整账号的人设，多策划"聊故事"的内容。

具体来说，短视频账号的运营可以分为4个阶段：涨粉阶段、点赞阶段、咨询阶段和转化阶段。在每个阶段都需要适时调整内容配比。

举个例子，在账号创建的初期，用户很少，这时需要多利他，站在用户的角度分享更多的知识。因此，"教干货"的内容应该更多一些。当用户觉得你的分享很有帮助，你通过"教干货"的视频积累了粉丝后，就需要进行转化。所以，如果要发10条视频，就要在其中增加一些推广产品的内容，让用户知道你在卖什么，从而引发咨询。如果只有咨询而没有购买，就意味着用户对你缺乏信任。这时，需要增加"聊故事"的内容，讲述你自己和客户的故事，增加信任度。

因此，每个账号都需要根据所处的运营阶段和面临的不同情况调整内容配比。下面的两张图可以作为参考。

行业	内容分类（"●"代表难度等级，"●"越多越难）						
	打广告	教干货	拍过程	聊故事	讲特点	拍段子	博眼球
物流	●	●	●●●	●●●	●●	●●●●	●●●
艺术/文化	●	●●	●●●	●●●	●●	●	●●
零售/电商	●●	●	●●	●●	●●	●	●●
美容	●●●	●●●	●●●	●●●	●●	●	●●
媒体/广告	●●	●●	●	●	●	●	●●●
体育/运动	●	●●	●●	●●	●	●	●●
音乐/舞蹈	●	●	●	●●	●	●	●●
口腔/医疗	●●	●●●	●●●	●●●	●●	●	●●
加盟/招商	●	●●●	●●●	●●	●	●●	●●
游戏	●	●●	●●	●●	●	●	●●●
萌宠	●	●●	●●	●●	●	●●●●	●●●
工艺/文玩	●	●●●	●●●	●●	●●	●	●●
花艺/园艺	●	●●	●●●	●●	●	●	●●
金融	●●●	●●●●	●●●	●●	●●	●	●●
珠宝	●●	●●●	●●	●●	●	●	●●
平面设计	●	●●●	●●	●	●	●	●●
汽车	●●●	●●●	●●●	●●●	●●	●	●●
法律	●	●●●	●	●●	●	●	●●
数码	●●●	●●●	●●	●●	●	●	●●
房产	●	●●●	●	●●	●●●	●●	●●●
保险	●●	●●●●	●●●●	●●●	●●	●	●●●
三农	●●●	●	●●●	●●●	●	●●●●	●●●●
室内装修	●	●●●●	●●●	●●●	●	●	●●
摄影	●●	●●●	●●●	●●●	●●	●	●●
教育	●	●●●●	●●●●	●●●	●●	●	●●
服装	●	●●●	●●●	●●●	●●	●	●●●●
旅游	●●	●●●	●●●●	●●●●	●●●	●	●●●
餐饮	●	●	●●●	●●●	●●	●●●●	●●●

通过这两张图，你可以更好地理解账号在不同阶段的内容配比。记住，在账号运营中，合理调整内容配比非常重要。

5.2　如何找到自带爆款潜质的好选题

本节我们将讲解短视频运营中的选题。首先，请大家观看下图所对应的 3 条视频（见本书配套资料包）。

那些午夜12点之后的订单都是什么？

　　你们觉得哪条视频会最受欢迎呢？答案是第二条，它的点赞量是最高的！前面提到过，**如果你觉得一条视频好，但又无法解释为什么好，那么你就无法创作出这样的视频。**

　　为什么第二条视频的点赞量最高？我们来看这 3 条视频的第一句话。是的，只看第一句话，就能知道为什么第二条视频点赞量最高。

- 第一条视频的第一句话是："红尘太纷扰，唯有清风明月。"有意境，但不知道具体什么意思，让人有点儿摸不着头脑。
- 第二条视频的第一句话是："头等舱到底贵在哪儿？"
- 第三条视频的第一句话是："那些午夜 12 点之后的订单都是什么？"

　　通过第一句话，你可以隐约感觉到，第二条视频似乎能受到更多的关注，吸引更多感兴趣的人。这就是短视频选题的重要性。

　　选题对于短视频的受欢迎程度有着巨大的影响。在选择选题时，我们需要考虑观众的兴趣和关注点，以及如何用简短的第一句话吸引他们的注意。正确的选题能够提高短视频的曝光率和互动量，进而增加流量和粉丝数。

接下来，我们将继续深入讲解选题的相关知识。

5.2.1 什么是选题

选题，也可以理解为一条短视频的核心主题，或者是开头的第一句话。原来短视频的第一句话对于流量有如此大的影响！当然，请大家记住这样一句话：**选题决定一条视频的流量天花板**，也就是说它能够决定一条短视频最高能够获得多大的流量。

一个好选题是自带爆款潜质的。很多人会抱怨自己的短视频流量很差。实际上，**大部分流量差的短视频，有 95%是因为开头的流量很差**。短视频在开头没有抓住人的注意力，就会导致流量不佳。

电视剧也是一样的。比如，电视剧《隐秘的角落》的开头，一个男人在山上突然将岳父母推下去。观众会立刻产生好奇，那个男人为什么这么做？两位老人从山掉下来摔死了吗？正是这样引发好奇心的开头，让大多数观众追完全部剧集。

同理，如果短视频开头的第一句话或者第一个场景没有抓住用户的注意力，那么即使后面的内容再好，他们也不会继续观看。

所以，我们为短视频写文案时，写第一句话的目的是让别人看第二句话；写第二句话是为了让别人看第三句话，环环相扣，留住用户。

选题决定了一条视频的流量天花板。因此，在我们制作短视频的过程中，要思考什么样的选题能够最大程度地吸引用户的注意力。回到前面的例子，"头等舱到底贵在哪儿"这句话为什么吸引了这么多人的兴趣？在百度上搜索相关数据，你就会立刻了解为什么这么多人对头等舱到底贵在哪儿感兴趣。不要去猜测，自己去搜索一下，看看中国有多少人没有坐过飞机。你会发现有非常多的人是没坐过飞机的。现在你明白为什么"头等舱到底贵在哪儿"会吸引人了吧。

在短视频的创作过程中，有一个名词叫作最大公约数，即最大的共同点，利益最大化的平衡点。在账号运营的初期，短视频创作的最大公约数就是选题。一条视频包括选题、文案、脚本、剪辑等要素，而在账号运营初期选题最重要。因为在账号没有原始积累，粉丝量较少的时候，就需要增加曝光量，一个好选题意味着受众广，传播度高。可以说短视频就像植物，它是不是参天大树，取决于它的种子。如果是个草籽，就是浇再多水，晒再多太阳，土壤再肥沃也不行。选题就是一条视频的种子。

5.2.2　找到爆款选题方法

很多人不知道什么样的选题才是好选题和爆款选题，他们想知道如何找到这样的选题。告诉大家一个重要的原则：曾经火过的选题还会再火。

举个例子，假设我今天要拍一部电影，有两个不同的题材供选择。即使你没有看过这两部电影，也可以分析出哪部电影的流量更高。第一部电影是《西游记续集：三打白骨精前传》，第二部电影是《我和我的他的夏天：我们很开心》。你认为哪部电影会更受欢迎呢？显然，第一部电影会更火。爆款选题会再次成为爆款。那么问题来了，如何找到更多的爆款选题呢？

在你的行业和抖音这个平台的生态中，已经有很多经过测试的热门选题。我告诉大家两个工具，用它们就可以找到这些热门选题。

第一个工具是**巨量算数**，在抖音页面的右上角的搜索框中搜索"巨量算数"，你会找到抖音平台提供的一个数据分析小程序，如下面的左图所示。

然后，点击"达人榜"，然后系统会根据粉丝数量和不同行业分类，列出在抖音上各个行业、各个级别的达人账号。先找到你所在的行业，然后根据粉丝数量进行分析，找出粉丝量较多的达人（见下面中间以及右侧的图）。

工具一：巨量算数

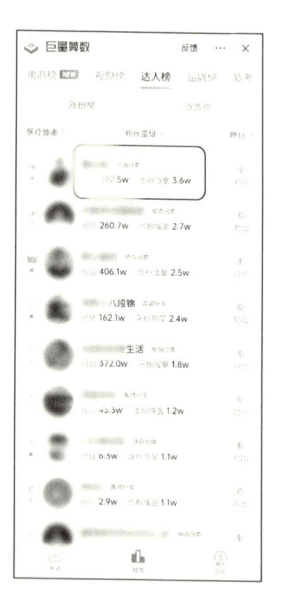

找到这些达人之后，回到抖音，再搜索一个叫作"抖音热点宝"的小程序，如下图所示。

工具二：抖音热点宝

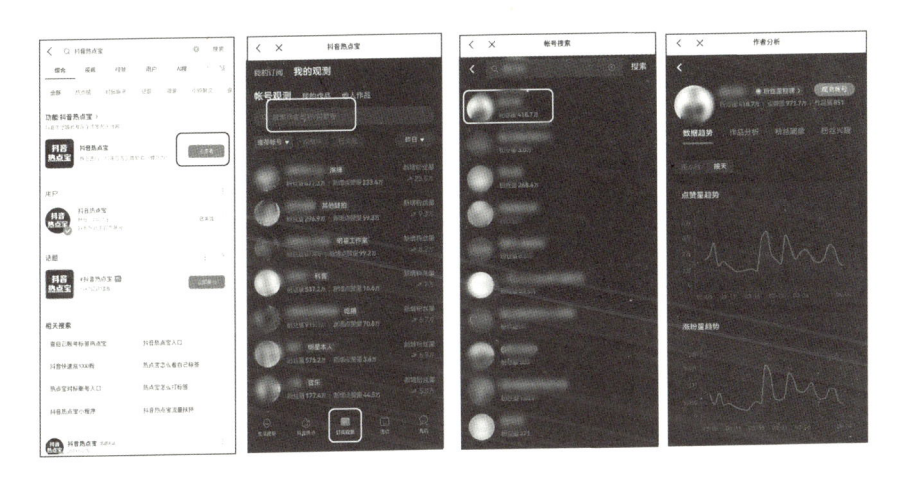

进入后，点击"搜索"，输入刚才发现的达人的名字。抖音热点宝会帮助你检测和观测达人的作品。它可以帮助你观测哪条短视频的流量较高，哪条短视频获得了更多粉丝，哪个选题受到了大家的喜爱。只要了解了同行的数据，你就能够借鉴他们的选题。如果大家都是做餐饮内容的账号，你做红烧肉的选题，我也可以做。如果抖音上的用户对红烧肉感兴趣，这样的选题就不错。模仿已经火过的选题，这是最快的获取爆款选题的方法。

给大家讲个故事。有个经纪人在大街上走，听到天桥底下有个歌手唱得不错，于是走过去问他叫什么名字。歌手说他叫张学友，经纪人便问他是否想出专辑。歌手表示即使做梦也想出专辑，并对经纪人说他有信心出一张专辑，里面有 10 首歌。就在歌手要走的时候，经纪人把他叫住了。经纪人告诉他，我看中的是你的形象、气质和唱功，并不是你的原创能力，你从自己创作的 1000 首歌中选出 10 首，或者 100 首，也不会火。于是，经纪人去日本、韩国和美国，买了一堆热门歌曲的版权，然后找一些优秀的作曲家和词曲创作团队，选出了一张专辑的歌曲。经纪人把这些歌曲交给张学友，让他好好练习，然后开始宣传。结果，这张专辑一炮而红，张学友也成了一代"歌王"。

这个故事告诉我们，**有时候我们并不需要创造全新的东西，而是可以借鉴成功的案例和热门的选题，进行改编和适度创新，让它们适应自己的领域和受众**。在寻找爆款选题时，可以关注已经成功的内容创作者，研究他们的选题和创作方式，看看能否从中获得灵感和可借鉴之处。

此外，还可以通过市场调研和数据分析来寻找潜在的爆款选题。了解目标受众的需求和兴趣，研究当前的热门趋势和话题，掌握行业的发展动向和消费者的喜好，这些都可以帮助你找到有潜力的选题。

总的来说，寻找爆款选题需要综合运用市场调研、数据分析和借鉴成功案例的方法。不要害怕模仿和改编，将那些曾经火过的选题针对你自己的领域和受众进行调整，也能再次制作出爆款。

5.2.3　爆款选题思路参考

关于选题，我总结了非常多的模板供大家参考，其中包括各个行业的爆款选题。这些选题有一个共同的特点，即能够带来流量和精准意向。我已经总结了一些万能选题和标题，如下面的 3 个表所示。

万能选题思路

"盘点"系列	盘点世界十大高端手表、盘点东北酒鬼的几种类型、盘点世界十大高端红酒……
共同经历	上学、处对象、婚姻、生孩子、当老板、当姑姑、当老板娘……
负面遭遇	人际交往、负债经历、感情失意、遇人不淑……
第一次	处对象、工作、面试、开公司、离异、第一桶金、远离家乡、出国……
成长感悟	性格、处事……
我有个损友	男女朋友、同学、发小、闺蜜、亲戚、兄弟、同事、邻居……
罕见经历	感情经历、家庭经历、事业经历、人生阅历……
个人优势/特长	生活技能、职业技能、擅长的其他技能……
假如××说真话	假如车贩子说真话、假如驾校教练说真话、假如包工头说真话……

视频标题借鉴（括号里内容可替换）

都是（开饭店），别人都（赚钱）了，你却（赔钱）	想（在职场有气场），必须（知道这10种干练穿搭）
为什么（不快乐）	你有过（特别想放弃）的时候吗
后台要爆了，好多粉丝问我	你绝对不知道（火锅这样吃）有多（神仙）
（每天洗头）根本不是（爱干净），天天洗头就是（等着变秃）	（黑啤）和（白啤）有什么区别
（一线明星家）的（豪华装修），你一定没见过	再（拖延下去）就（废掉了）
这是我活了（20）年，看到（最大）的（龙虾）了	只（喝水）能（减肥）吗
我用（99）元，做了个全身（SPA）	一场电影的价格，就可以（学会日语）
事情是这样的	（猫咪不吃东西）怎么办
你别（减肥）了，你不适合	假如你是（老板），你会（拖欠工资吗）

视频标题借鉴（括号里内容可替换）

这个视频一定会得罪很多（白酒大佬）	千万不要（用香皂洗脸了）/别再（用纯净水泡茶）了
揭秘（地产）（老板/牛人/大神）都在用的（营销）套路	说一个（躺着）就可以（减肥）的方法
没有（这5个工具），（卫生间）变成（细菌重灾区）	有一个（会拍照）的（老公）是怎样的体验
当年的（学渣们），现在都怎么样了	这是我第一次（出国）
如果（孩子已经很努力了成绩还是不好），怎么办	（头等舱）到底贵在哪
我被（我儿子）上了一课	那些半夜12点（出去喝酒）的，都是什么人
3个月（我成为公司销冠），我是怎么做到的	和（女儿）互换身份，是什么体验
你（吃）过（蓝纹奶酪）吗	我有个朋友，他/她（出家）了
你敢信吗，我（要当姑姑）了	假如你是（李嘉诚），你会（投资你的家乡吗）

每一类选题都不局限于行业。举个例子，有一类选题叫作"假如销售员说真话"。无论你是卖鞋的还是卖设备的，都可以尝试拍摄一段视频，比如"假如卖鞋的销售员说真话"或者"假如卖设备的销售员说真话"。听到这样的选题，你可能会问如何拍摄相关内容。实际上，只要在抖音上搜索，就能够找到已经火过的短视频。然后，你只需要将这些短视频的文案改成适合你所在行业的内容，重新拍摄一遍视频即可。

我已经为你提供了工具、方法和思维。现在，行动起来吧！期待你创作出一条爆款视频。

第6章

矩阵模式，扩大流量池

叶老师
对你说

当你不知道发什么短视频时,你就去想想用户买之前会有什么问题,买之后会有什么顾虑,你就知道该发什么了。

不要怕难题,战胜了难题,你就战胜了竞争者。

做短视频运营时,用固定的策略去解决一个动态的问题,就是"耍流氓"。

BOSUM 赢在短视频 SHORT VIDEO

有人说矩阵是线上的流量放大器，但很多人觉得做矩阵就是多做几个账号，其实不然。做矩阵的目的是用数量去对抗平台算法的不确定性，用数量冲破流量束缚。企业想要在短视频平台变现，矩阵模式无疑是当下最合适的选择。

6.1 一天应该发多少条视频

有人会问，那么一天发多少条视频效果最好呢？是 1 条、2 条，还是 3 条？其实，具体几条都不对。所谓多与少都是相对的，关键在于"对比"。

举个例子，如果一家手机公司去年销售了 500 万部手机，今年销售了 1500 万部，同比有较大增长，但是如果今年竞争对手销售了 1 亿部手机，那么 1500 万部的销量依然不足以称为"多"。对于企业而言，短视频平台上的目标用户是有限的，竞争对手却很多。假设一条视频平均的播放量是 500 次，你每天只发 1 条而竞争对手发 3 条，那么竞争对手的视频会更频繁地被用户看到，因为其总播放量达到了 1500 次。

我们看一下小米集团的案例。下面为小米抖音账号的截图。

在 1 月 5 日这一天，小米的这个账号发了多少条短视频呢？60 条！这让人感到惊讶。或许你应该庆幸，他们并不是你的同行。如果他们是你的同行，你一天只发 1 条视频，而他们却发 60 条，那么你将会被用户完全遗忘，他们会频繁出现在用户的视野中。

美国营销战略家特劳特曾说过，企业成功的标准不是自己做得多好，而是赢得竞争。所以，一天应该发布多少条视频，正确答案是在比同行多的基础上，越多越好。

6.1.1 用重复策略实现海量触达用户

前面提到，每天要比同行发的视频多，说的是数量，其实视频的质量也不可忽视（即视频的播放量）。如果你能做到每条视频达到1000万次的播放量，一天发布一条就可以了，如果做不到，那就只能多发布视频，比同行多。

很多老板也明白应该多发视频，可他们面临的现状是，自己花 1 小时来拍摄，再花 2 小时剪辑，等发布视频的时候，已经过去 3 小时。而且，最终视频的播放量只有几百次。花费 3 小时只得到几百次的播放量，这是很不划算的。因此，如何实现低成本、高效率地发布视频，实现海量触达用户成为一个问题。

我们可以想一些解决方法。许多吃播博主之所以能够持续更新，是因为他们在吃饭的时候就会拍摄视频素材，不必单独排出拍视频的时间。同理，老板们也可以在工作过程中拍摄大量视频素材，这样做既能降低时间成本，又能提高效率。

前面提到小米的账号，其实上面每一条视频的播放量都不高，小米账号的运营人员采用的策略是持续高频发布，不是追求单一爆款。

所以，企业老板做短视频不要追求爆款，而要追求持续高频发布。常言道，"一回生，二回熟，三回四回成朋友"，让用户能经常看到你的视频，比制作爆款更实际，更容易操作。我再说一句"武断"的话，新人运营抖音账号就别整天幻想自己做出爆款，踏踏实实地每天高频更新账号会更有效。当你放弃做爆款的执念，你就觉醒了。

下面我们来看如何在保持成本不变、人力不变、创作时间不变的前提下，成倍提升视频发布数量，超越同行。

仍以小米的账号为例。"一天发布 60 条视频"可以是一天创作 60 段不同的内容，即一天 60 条新视频，但还有另一种做法，就是把已有的 6 段视频重复发布多次，来达到一天 60 条视频的目标。

这其实是两个不同的概念。请你再仔细看一下小米抖音账号上那一天的 60 条视频，看看其中是否有重复的部分。尽管看上去有 60 条视频，但实际上不过是 6 条视频在不停地重复播放。这种方式可以提高创作效率，同时增加发布频率。因此，通过合理规划和利用已有的素材，你也可以在一定程度上实现每天发布更多视频的目标。

这真是有趣啊！你可能会说我参加过很多课程，但为什么没有人教过可以重复使用视频呢？那么，我想反问，是谁告诉你视频不能重复使用的呢？回到真实的生活中，你想一想是否有一辈子只唱红了一首歌而一直红的歌手？有很多。再比如此前引起全民热议的电视剧《狂飙》，如果再次重播，是否还会吸引观众？是的，还会有很多人看。再比如今天我到这里讲课，明天去那里讲课，课件是否是重复使用的呢？是的，是重复使用的。如果你仔细观察那些销量不错的直播间，主播每天说的或者每间隔一段时间说的话有没有重复呢？是的，有重复。

当你了解了这个重复策略后，你的认知就已经超过了 95% 的同行。重复是一种成本非常低且高效的方法，可以获取持续的流量。 如果有几条视频在发布以后流量很好，而且转化率不错，那么就可以重复发这种作品。举个例子，有的抖音账号左上角写着该账号的视频总量，比如樊登的账号，业余的人可能会以为这个账号主已经创作了几百条视频了。但是，在我们专业的人看来，可能只是几条视频在持续不断地重复发布。在我们的专业术语中，这被称为**变现金线**。

只要发现一条视频的流量和转化率都很好，就要分析这条视频的结构、内容，并不断优化和迭代。再以"疯狂小杨哥"这个账号为例。他可能已经发布了 1000 条视频。但是，如果你仔细观察，就会发现实际上是一条视频不停地重复播放。视频的内容无非是哥哥挖"坑"、弟弟踩"坑"、妈妈打人、爸爸挨揍，结构都是相同的，仅仅对某个元素稍微做了调整。很多变装视频的内容只是其中的角色换了不同的服装而已。

爆款可以重复使用。如果你已经创作了 60 条视频，那么你已经完成了一件事情，那就是已经测试出哪一条视频的流量较高，哪一条的流量较低，哪一条的转化率高。

接下来，如果不做任何新的动作，只重复发布流量高的视频，你会发现它的流量仍然很高，而原来流量低的视频再次发布后流量仍然很低。

关于抖音账号运营，有句 6 字谚语："**有流量，快转化**"。很多人会问，是否要持续不断地创作新内容才能持续拥有流量呢？并不是这样。我们的时间是有限且宝贵的，不必将有限的时间投入到无穷无尽的创作中。只需要找到流量很高的那些视频，重复发布就可以了。仔细观察所有运营得很成功的账号，可以看到其实它们都在重复发布内容。

我们看一条名为《文小略》的视频（见本书配套资料包）。请注意它的特点。在第一次发布时，它获得了 3 万个点赞。第二天，再次发布，又获得了 4 万个点赞。那么，这条视频的累计点赞数是 7 万个。如果想获得 10 万个点赞，该怎么办呢？答案是再次发布。是的，**通过重复发布，你可以持续增加视频的点赞数**。你想拥有播放量上百万次的视频吗？现在我告诉你一个方法：只需要拥有一条播放量为 10 万次的视频，然后发布 10 次，也许就能达到目标。这就是我们的重复策略。

如果你觉得这个策略很新颖、很有用，我建议你多看几遍这条视频，然后反向研究一下视频创作者的账号，你就会发现这个惊人的秘密——原来重复发布爆款视频是没有问题的。很多人会问，重复发布视频的时候，可以连续发布吗？答案是可以连续发布。有人可能还会问，再次发布的时候需要做改动吗？答案是不需要改动。

看看我的账号，比如"小东子哥哥"这个账号，你可能会认为上面有 300 多条视频，但实际上只是 10 条视频在不停地重复发布。比如，有一条视频"抖音下一个流量风口——图文"，就发布了 60 多次。

重复的策略包括以下几个方面：

第一，同样的作品重复发布。

第二，同样的创意重复使用。

第三，同样的脚本重复拍摄。

第四，同样的文案重复讲解。

充分利用重复的策略，能提升短视频制作效率，使品牌获得更多的曝光，实现海量触达的目标。

6.1.2　怎么给视频去重

很多人会问，在什么情况下需要对重复发的视频进行修改呢？这个问题问得很好。前面提到的重复是在自己账号的上重复发布同一条视频。但是，如果你要与别人合作，将同样的视频发布到别人的账号上，就需要进行修改，目的主要是去除重复，也即去重。①

想象一下，如果平台上的内容都是相同的，那么这个平台的内容就会变得枯燥乏味。但是，如果全都创作全新的内容，时间成本又太高。所以，有一种方法叫作去重，**就是对于同一个素材，我们通过修改字幕、画面、速度、背景音乐等一系列操作，使其与原来变得不一样。**

具体来说，应该如何去重呢？这里列举了 10 个方法，建议你多看几遍。

1. 调整长宽比

可以调整素材的画面长宽比。正常的抖音竖版视频长宽比是 9∶16，我们可以将素材的长宽比调整为 3∶4。有人会觉得调整长宽比后，视频有黑边框，不好看。我们可以通过剪辑软件添加画布，让视频的整体观感更加舒服。这种方法可以增加视频原创度。

2. 添加滤镜或视频特效

可以根据素材的色调，在剪辑软件中为其添加一个不突兀的滤

---

① 特别声明，不要滥用本节介绍的方法，不要侵犯他人视频作品的著作权，这是各平台严令禁止的，被发现会造成不可挽回的损失。

镜；还可以添加视频特效，同样也是选择那种和素材整体风格不冲突的特效，这样既保留了原素材的内容又提升了视频原创度。

3. 添加字幕

如果素材需要加入人声，可以考虑在去除原声后，加入个人的录音，然后导出，再加上根据语音自动识别的字幕。这样，就在原素材的基础上添加了字幕，产生了差异，增加了视频原创度。

4. 添加贴图

可以根据素材内容添加相关的贴图，这也是去重和增加视频原创度的一个方法。

5. 调速

我们可以根据内容将素材分割成若干段。比如，分割成 3 段，把第一段设定为 0.9 倍速，第二段设定为 1.1 倍速，第三段则设定为 1.2 倍速，在平台对视频原创度做对比时，素材速度就成为差异，可以达到去重的效果。

6. 重新配乐

一般原素材会有背景音乐，我们将素材原声关闭，重新配一段新的音乐，这样也可以增加视频的原创度。

7. 剪辑顺序

大部分的素材其实是通过多个镜头拼接而成的。根据这个思路，我们可以将素材分割成几段，在不影响观感和逻辑的前提下，重新排列片段，这样也可以达到去重的效果。

8. 掐头去尾

在不影响素材整体内容的前提下，将素材的首尾去掉，根据需求保留或删减中间部分，这样素材便成为一个新的作品。

9. 抽帧

除了以上方法，还可以使用抽帧的方法。

简单来说，一条视频是由多张图片组成的，而一帧就是组成视频的诸多图片中的一张。以剪映为例，将素材拖入剪映中，是可以放大和缩小的，当放大到极限，不能再放大的时候，在标尺的间隔点中所选择的最小单位就是一帧。抽帧就是在处理素材时抽取出几帧不会影响观感的图片，这种方法也可以增加作品原创度。

10. 放大或缩小

我们可以将素材放大或者缩小。在不影响观感的前提下，分割素材，再放大或缩小素材，同时在剪辑软件中应用"导入画中画"，将原素材覆盖，然后左右分屏或者上下分屏。还可以使用收费网站上的素材，这类素材在平台上用的人少，可以大大提升视频原创度，达到去重的效果。

看到这里，很多人可能会顿悟，我们平时看到的一些新闻媒体的账号其实并没有创作太多的视频，它们对自己在互联网上非常火的素材进行去重的操作后再发布，就能迅速积累粉丝和获取流量。

抖音平台主要通过智能算法随机抽取视频片段，根据视频中的声音、画面、人物等，判断其是否为"搬运"的。所以，对于上述10个方法，建议不要只用一个，而是多个方法叠加使用，这样可以增加视频被判定为原创的概率。不过，抖音平台对原创度的审核也在不断升级。一般，第一阶段是机器审核，如果流量很好会进入人工审核阶段，很多人用他人的素材做了去重后，也会在人工审核的环节被卡住。因此，建议大家平时多拿起手机拍摄，搭建自己的素材库，尽量使用自己拍摄的素材。

6.2 搭建矩阵，引爆流量

在本节中，我们将探讨短视频运营中的矩阵模式。

6.2.1 什么是矩阵

矩阵原本是数学上的概念，指的是数的方阵，而在短视频运营中是指创建多个产品或账号，在多平台运营以获取流量，然后运用一定的运营手段，形成一个完整的营销网络，比如产品矩阵、账号矩阵等。

许多集团公司都有自己的矩阵，比如字节跳动的产品矩阵就包括抖音、懂车帝、西瓜视频和今日头条等。这些产品构成了一个产品矩阵。很多企业还有账号矩阵，下图所示为小米和虞美人两家企业在抖音上的账号矩阵。

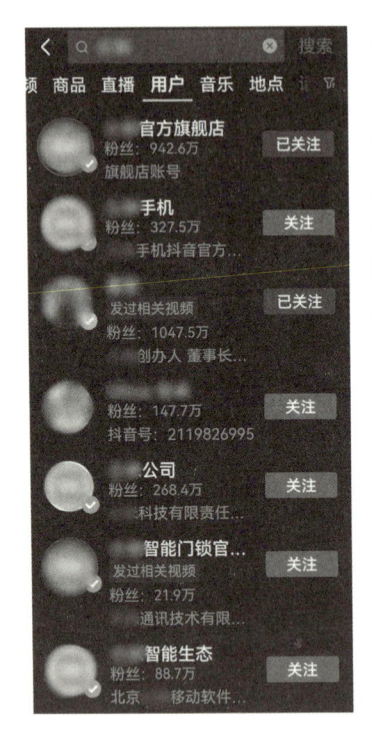

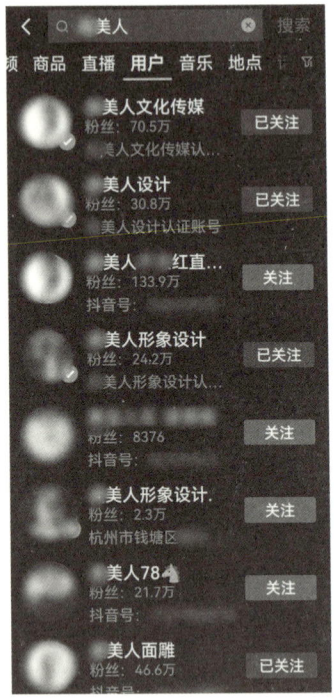

创建多个账号、多个人物或多 IP（Intellectual Property，此处可理解为不同的人物设定）、多条视频，可以增加接触用户的机会。**通过矩阵，我们能够提高触达用户的概率。**

6.2.2　搭建矩阵的 3 个要点

搭建矩阵时，有 3 点需要注意（见下图）。

第 6 章
矩阵模式，扩大流量池

搭建矩阵时的 3 个要点

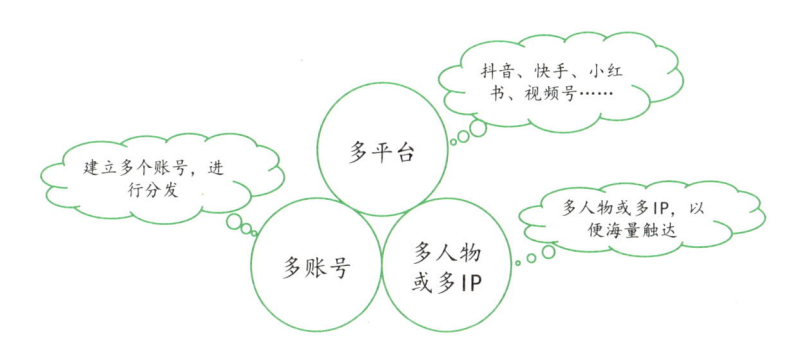

- 多平台：抖音、快手、小红书、视频号……
- 多账号：建立多个账号，进行分发
- 多人物或多IP：多人物或多IP，以便海量触达

第一点是**多平台**。如果你现在只有一个抖音账号，这就是不太好的情况，也是很危险的。想象一下，在一个家庭中，如果只有一个人赚钱，那么一旦这个人发生意外，家庭的财务状况就会急转直下。短视频运营也是一样的道理。如果有一天你在抖音上的账号被封禁，所有的付出和投入都将付之东流。因此，在起步阶段就不要只做一个平台的账号。

假设你在抖音上发布了一条短视频，然后把它转发到快手上。这样是否会增加流量呢？再把这条短视频发到微信视频号上呢？你只在一个账号上创作了一条新视频，但你在多个平台上进行了分发，相当于有 3 个账号都发了新视频。很多人可能会说，我觉得我的粉丝可能不用快手。但是，你不能凭感觉来判断，要看数据，说不定你的视频和产品在快手上的流量和销量比在抖音上还高。我们不应该挑选平台，就像做销售的不应该挑选客户一样。如果你卖的是豪宅，进来一个人衣着朴素，你不能因为他看起来没钱就认为他不是潜在的大客户。在做短视频运营时也不应只限制于一个平台。

很多人都熟悉张琦老师，她在全网拥有 8000 万粉丝，8000 万

是全网粉丝量的总和，而不仅仅是抖音的粉丝量，还包括快手、视频号、小红书等平台上的粉丝量。所以，企业也要快速在多个平台铺设账号。如今很多企业和商家都入驻了抖音电商，但它们也同时入驻了淘宝、京东甚至拼多多等平台。这就是第一个要点，即多平台。

第二点是多账号。也就是说，在一个平台上要注册多个账号。在抖音上，最大的稳定性实际上就是不稳定。同样的内容在不同的账号上，流量的反馈是不同的。所以，建议大家在注册账号时，不要只注册一个，至少要注册3到5个。如果在一个平台上有5个账号，那么在两个平台上就是10个账号，在3个平台上就是15个账号，多个账号一起向前推进，一起运营。

说到这里，许多人可能会问，能否给出一个标准作为参考，公司的运营人员到底平均管理几个账号呢？就我个人而言，建议一个运营人员至少管理3~5个账号。这样，许多运营人员的工作会相对充实。不太建议一个运营人员管理过多的账号。

第三点是多人物或多IP，指的是在搭建账号矩阵时，不仅要考虑多平台和多账号，还要注重选择不同的人物形象和IP。

我给大家讲个故事。当博商提出给我们这些老师做账号时，助教、班主任和产品经理等都非常兴奋。大家一致认为，我叶旭东一定是博商所有老师中最火的人物。他们认为我有好的形象和气质，讲课时课堂氛围也不错，因此都认为我会很受欢迎。相反，大家普遍认为张琦老师是最不火的，因为她在过去的17年里并不受关注。

然而，市场的反馈却出乎意料。张琦老师成为最受欢迎的人物，而我却没有得到预期的火爆反响。

企业在起盘账号时，总是自认为某个人物一定会受欢迎，只选择他作为 IP，但事实证明这个判断不一定准确。

就像岳云鹏，当时并没有太多人看好他，但他后来却成为德云社的支柱，火遍大江南北。**市场的反馈是最真实的，有时一个人物看起来没有潜力，但也可能会成为最受欢迎的那一位**。因此，在构建账号矩阵时，我们需要考虑多 IP，而不能仅依赖于单一 IP。

在博商的实际操作中，应该是为多个老师共同做好账号，然后推向市场，观察哪个老师吸引了更多的流量，哪个老师受到市场的热捧，这样才能确定投放资源的对象。

因此，只需记住 3 个字：拍、测、投，即拍摄大量的内容，投放到市场中去测试，然后根据市场反馈来决定哪个 IP 最受欢迎，给它投放资源。

那么，如何拥有更多的账号呢？这里给大家一个流程图，如下图所示。同时，也建议拨打抖音官方电话"95152"转人工客服，或关注抖音上的企业号小助手，向官方咨询相关问题。**记住一句话："万物皆可搜。"** 无论是起盘更多账号还是其他问题，都可以通过搜索找到解决方法。

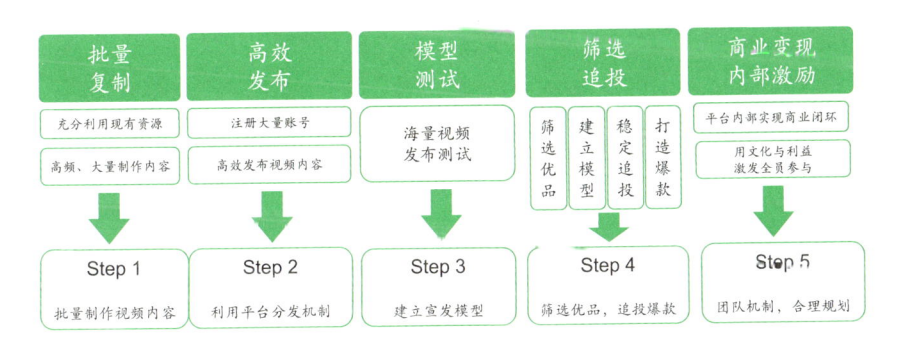

批量复制	高效发布	模型测试	筛选追投	商业变现内部激励
充分利用现有资源	注册大量账号	海量视频发布测试	筛选优品 / 建立模型 / 稳定追投 / 打造爆款	平台内部实现商业闭环
高频、大量制作内容	高效发布视频内容			用文化与利益激励全员参与
Step 1	Step 2	Step 3	Step 4	Step 5
批量制作视频内容	利用平台分发机制	建立宣发模型	筛选优品，追投爆款	团队机制，合理规划

总的来说，关于账号矩阵，我们要追求最低的成本和最高的效率，以海量触达用户为目标。

6.2.3　老板可以借助的流量力量

如果你是老板，请记住，你不应该仅仅依靠自己的力量，还有其他很多方法可获取流量。假设你有产品但没有流量，那么从哪里获取流量呢？其他人的账号上有流量。在抖音平台上，有一群专门分享他人内容并为其做广告的达人，也称为 KOL（Key Opinion Leader，关键意见领袖）或 KOC（Key Opinion Consumer，关键意见消费者）。在创建账号时，要找到与你的产品粉丝画像相似的达人，与他们合作。

所以，关键点是不仅要拥有自己的账号矩阵，还要与达人合作。

那么，如何找到达人合作呢？其实很简单，只需在抖音上搜索"团购达人广场"（如下图所示）。平台会直观地列出所有达人的带货品类、带货力、粉丝数量。主动与他们建立联系，当你推广产品或品牌，启动大型营销活动时，让达人来帮助你宣传，就能提高营销活动的声量。这是你的第一个合作伙伴阵营。

功能·团购达人广场 >

找团购达人带货
提升门店销售额

去查看

带货品类		
美食	运动健身	休闲娱乐
购物	生活服务	教育培训
住宿	丽人	游玩
亲子	结婚	宠物
医疗健康	不限	

达人带货力		
LV1	LV2	LV3
LV4	LV5	LV6
LV7	不限	

达人粉丝数		
0-1k	1k-5k	5k-1w
1w-5w	5w-10w	10w-50w
50w+	不限	

第二个合作伙伴阵营是你的客户群体，千万不要忽视他们。虽然你的账号在抖音上是一个新账号，但在线下你的企业是一家老企业，拥有许多老客户。只要客户对你满意并给出高评价，他们就可以用自己的账号转发你的抖音视频，这也是一种海量触达用户的方式。

举个例子，假设你经营一家餐饮店，一份毛肚的价格是85元。但是，如果你在餐桌上放一个牌子，上面写着："拿起手机，拍摄一段简单的视频并上传到抖音，就能免费获得一份毛肚。"我相信大多数人都会乐意合作。成本可能只有50元左右，就能让一个账号帮你转发视频，也许转发的视频获得的流量比你的还高。有人可能会问，如果他不转发怎么办？这里需要有分层思维。有些人看到什么都不转发，有些人看到就转发，有些人只要给点儿好处就转发。这样一想，你就还有不少人可以争取。

记住，你的目标不是与别人比较，而是与同行比较。同行只有一个账号，而你拥有自己的个人账号，你的企业在多个平台上有账号，而且企业的合伙人、企业员工等有账号，有达人推广、客户转发和员工转发，所以当你发布一条短视频后，就能形成"天罗地网"，海量触达用户，如下图所示。

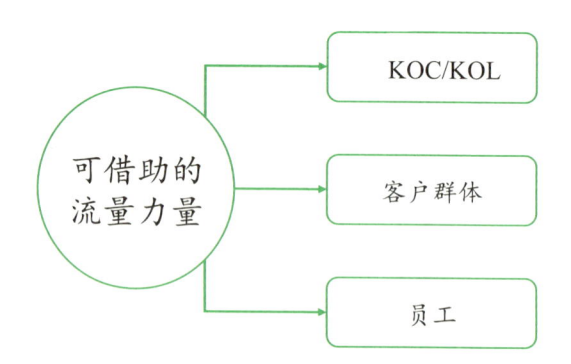

```
                    ┌─── KOC/KOL
   可借助的 ────────┼─── 客户群体
   流量力量         └─── 员工
```

其实借助达人的流量，本质是扩大流量圈层，在个人账号的流量到达瓶颈时，可以从他人的账号获取流量，发动员工、亲属甚至陌生人，只要制定合理的激励机制，都可以在另一个维度获取流量。这些方法并不难理解，关键在于有效执行和每天坚持。

第7章

快速转化，投放转化效果好的短视频

叶老师对你说

> 你所看到的所有人物或 IP，是因为你相信他们是那样的人，所以他们才呈现给你那个样子。

> 深耕一个领域，成为这个领域的顶级专家，你就能赚到普通人赚不到的钱。

> 在短视频时代，我们只有两种选择，要么你用内容去影响别人，要么被别人的内容影响。

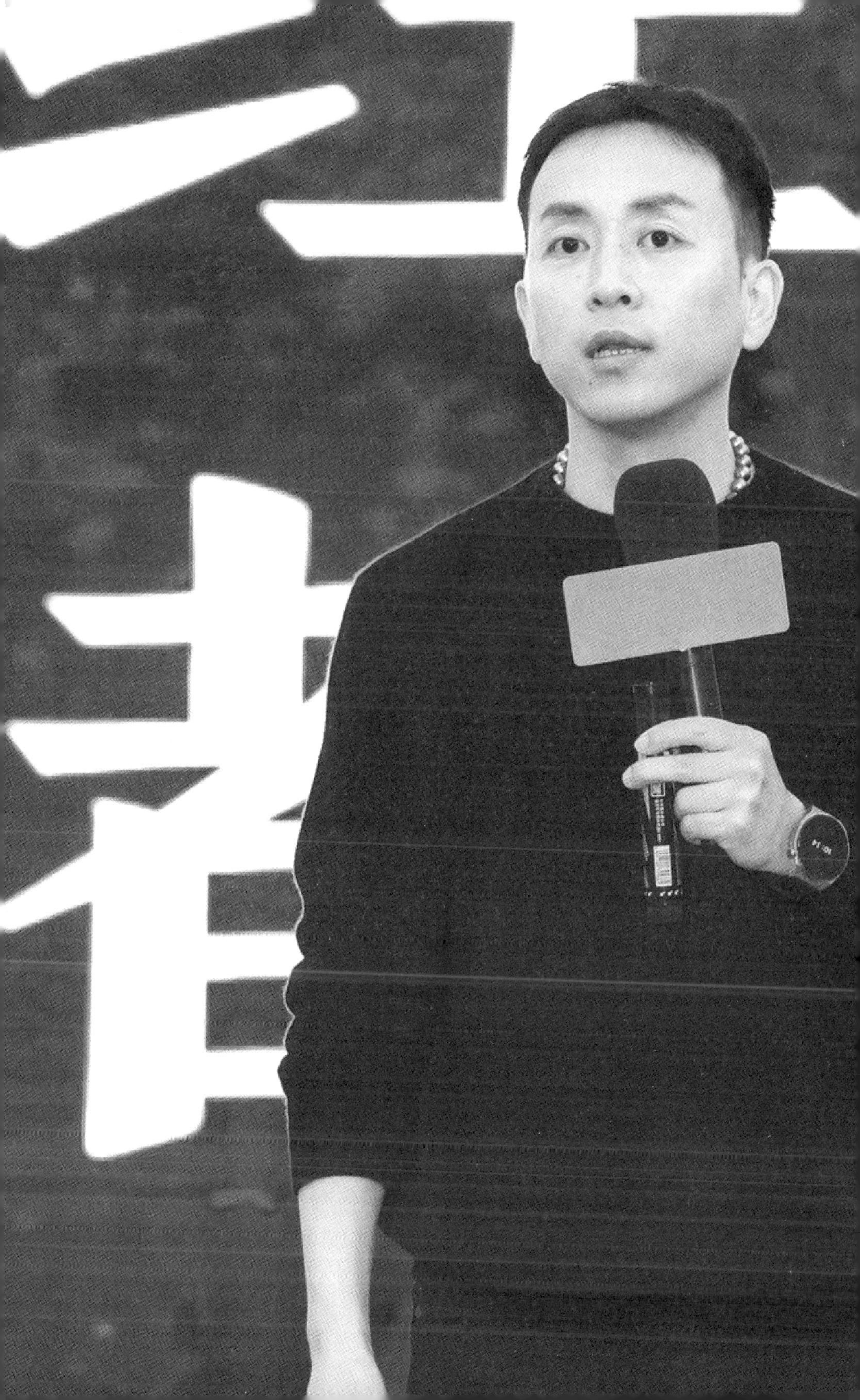

如果在网上搜索"投'抖加'",铺天盖地的投放策略会把你搞晕。所谓"真传一句话,假传万卷书",很多人潜心研究投放技巧和方法,其实都没看清楚事情的本质。投放就是花钱买流量,而买来的流量只为两件事,一是测试视频,二是提升转化效果。当视频发布出去后,视频的数据(点赞数、互动数、完播率等数据)不足以判断其是否为优质内容时,抖加(官方名为"DOU+")就是很好的测试工具,可以通过投放抖加来购买流量,用更多的流量对你的作品进行测试以获取反馈。当视频已获得正向反馈(变现)时,抖加就是用钱买钱。

7.1 要不要投"抖加",怎么投

在本节中,我们将讨论短视频运营中的投放方式。一种投放方式被称为 CPM(Cost Per Mille),即每千次曝光计费。虽然这个名词可能听起来有点陌生,但有一个名词大家应该不陌生,那就是"抖加",它也是每千次曝光计费。在运营抖音账号时,很多人会犹豫是否应该准备一些资金,对已发布的短视频作品或者直播进行投放。在抖音平台上,遵循两个原则,即概率和效率。**概率指的是通过建立矩阵来提高触达客户的概率,而效率则是通过投放来提高转化率。**因此,建议企业在做抖音营销时,合理地进行投放。

7.1.1 "抖加"投放的 3 个问题

下面我们来讨论"抖加"投放的 3 个问题。

第一个问题是投放的原则是什么。投放应该是建立在内容优质的基础上的，它不是雪中送炭，而是锦上添花。举个例子说明，如果你的公司有两个艺人，一个是刘德华，另一个是一个名声不好的明星，你应该选择投放哪个呢？显然，你应该选择投放刘德华这个优质艺人，因为优质偶像需要被更多人看到，而名声不好的艺人则不值得投放。就像香水一样，你应该喷在人身上，散发出迷人的魅力；而如果把香水喷在宠物身上，就无法提升个人魅力了。

第二个问题是投放什么内容。对于这个问题，主要看哪条短视频带来的精准客户咨询和评论较多。**应该优先选择投放那些能够吸引精准客户的作品，而不是盲目追求高流量**。即使一条视频的流量很高，但如果它并没有带来很多咨询，就不应该选择投放它。要注重质量而不是只追求数量。

在抖音平台上，"抖加"这个功能提供了数据分析层面的支持。平台已经非常清楚地解释了这一点。举个例子，当你投放一条短视频，并投入100元的资金后，你可以获知它的播放量、点赞数以及带来了多少新粉丝等数据。投放完毕后，平台会为你提供一个表单，这个表单的内容对于投放者来说是非常重要的信息。

第三个问题是投放多少资金。实际上，在投放上花多少钱，对这个问题没有必要太纠结。在"抖加"上投放的资金就像是公司的推广费用一样。每家公司都会有固定的推广预算资金，即使不在抖音上进行推广，也会将这个资金花到其他地方。我的建议是，**可以从你的预算资金中拿出20%~30%，在抖音上进行投放测试**。如果有足够的资金，就可以多投放；如果资金有限，就可以少投放；如果没有足够的资金，就不进行投放。我的个人账号，从开始创建到现在，我累计投入"抖加"的费用已经超过了 300 元。并不是说不投"抖加"，账号就无法发展壮大。投"抖加"是一个锦上添花的过程，能够进一步提升账号的宣传效果和影响力。

说到这里，如果未来许多同行都在投"抖加"，并且他们的内容也很好，那么在那个时候，你可能真的需要投了。为什么？在一个平台上，如果大家的内容都很好，都在争夺流量并进行投放，那么你不投就无法跟上潮流。因此，**投"抖加"是一个动态调整的过程**。

7.1.2 "抖加"要怎么投

上一节讲到，只有优质内容才值得投"抖加"。而优质内容是指那些能够自然获得播放量和流量，并带来较多精准客户咨询的内容。我们建议多投放这样的视频，可以根据资金情况适度投放。投放完毕后，平台会提供一份数据分析表格，清楚地展示投放效果。

如果内容的质量好，持续输出也能获得精准的流量。那么，如何投放才能够快速提升获客效率呢？我分享一个方法——投放"达人相似"。

"达人相似"是什么意思？举个例子，假设我的账号是教别人如何使用抖音的，而你的账号也做这样的内容，只是你做的时间比我晚。很多人会认为晚加入的人就没有机会了，但抖音平台提供了一个非常实用的功能，即通过投放"抖加"的方式让我的粉丝看到你的内容，这就是达人相似。在投放过程中，有一个选项叫作"**达人相似粉丝**"，如下图所示。**你可以输入或搜索与自己行业相关的账号**。如果该账号的粉丝与你所期望的粉丝群体相似，在投放时就可以选择这个选项，将你的内容直接推送给该账号的粉丝观看。这种方法可以绕过泛流量，直接将内容推送给目标粉丝。

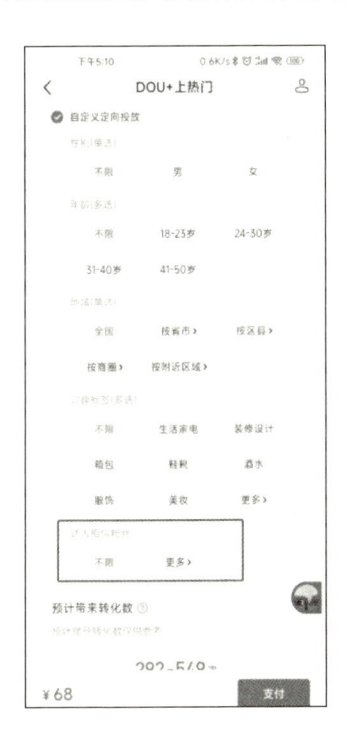

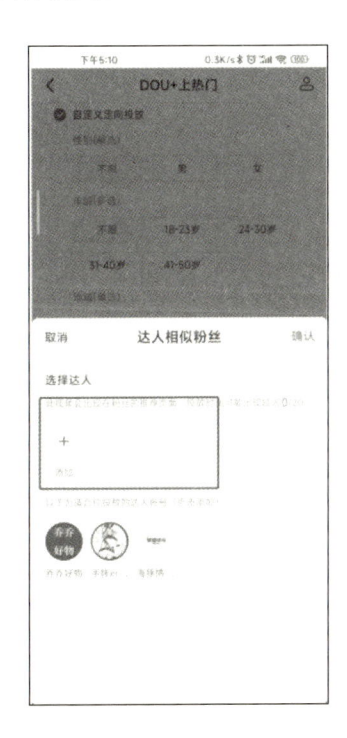

别人的账号已经经营了几年，积累了精准的粉丝，通过投放的方式，你就能直接让这些粉丝看到你的内容。我建议大家尝试一下这个方法。

7.2 用关键词实现转化

本节介绍抖音运营中非常重要的策略——关键词策略。关键词策略在百度上被广泛应用，在抖音上其实并不常见。所谓关键词指的是用户在平台上搜索时高频输入的词语，平台会根据这些词语向用户推荐相关内容。这种方法在百度被称为百度关键词搜索，而现在抖音也采用了类似的方式，在抖音上用户通过主动搜索关键词的方式获取信息，每天已经超过 10 亿次。下图所示为 5 大平台 2023 年搜索电商 GMV[①]及增长率（部分数据来自网络，具体数据以官方统计为准）。

5 大平台 2023 年搜索电商 GMV 及增长率

排名	公司	GMV（亿元）	同比增长
1	阿里巴巴	71,854	−3%
2	拼多多	40,451	31%
3	京东	35,394	2%
4	字节跳动	22,000	47%
5	快手	11,947	33%

这意味着只要你提前将用户经常搜索的关键词嵌入你的账号，当用户搜索时，平台就会直接将你的内容推荐给他们。现在请思考一个问题：被动推荐的视频和主动搜索的视频，对于用户而言，哪个意向度更高？前者是指平台根据用户的兴趣爱好推荐给他们的内容，而后者则是用户在抖音上自己搜索的想看的内容。显然，**主动搜索的视频意向度更高，因为用户有明确的需求**。

这种关键词策略为企业在抖音上实现变现提供了帮助。在布局账号的内容时，只需要提前将用户经常搜索的关键词嵌入其中，就能直接获得流量。我曾从事电话销售的工作，每天需要打很多电话。当时我希望有一种技术，能让我提前知道哪些客户对我的产品感兴

[①] GMV，英文全称是 Gross Merchandise Volume，也就是商品交易总额，是电商最核心的指标。

趣，这样就可以直接与他们联系，提高效率。现在，这种技术出现了，只需告诉平台我们会输出什么内容，平台就会将内容推送给用户。了解这个机制，就可以更好地利用抖音平台进行运营。

7.2.1 抖音的 12 个搜索关键词

到底应该布局哪些关键词呢？其实用户在抖音上进行搜索时常用的 12 个重要的关键词，与 4.1.2 节中所讲的吆喝的关键词是一样的，如下图所示。它们都是用户在购买之前经常搜索的词语。

引导用户转化的12个关键词

| 买什么 | 买哪个 | 多少钱 | 在哪儿买 | 有哪些 | 值不值 |
| 别买错 | 不要买 | 怎么办 | 怎么买 | 为什么 | 怎么样 |

通过在账号中布局这些关键词，你可以更好地吸引用户的注意力，提供他们所需的信息，并在用户做购买决策前与他们建立联系。

关键词策略有助于提高用户的购买意向和转化率，为你的业务带来潜在客户。

7.2.2 如何布局短视频关键词

那么，如何布局短视频关键词呢？其实，将这些关键词嵌入你的短视频的话题、主题和文案即可。还记得之前讲的创作者标签吗？按照那种方式，将这些关键词镶嵌到你的短视频作品中。当用户搜索这些词时，平台就会将你的内容推荐给他们。

我举个例子，这个案例来自卫航房车。卫航房车的抖音账号拥有 40 多万粉丝，就数量而言，不算多，但在抖音房车排行榜上却位居第一。房车是一个特殊的行业，价格高、决策周期长、客户决策复杂。如果在实体店销售房车，你能在 1 分钟、2 分钟或者 10 分钟内卖出一辆房车吗？很难做到。此外，你还需要承担门店的各种成本，接待大量客户，无论他们是否有购买意向。然而，卫航房车通过抖音，只用 10 分钟就卖出了 5 辆房车，这是令人瞩目的成绩。

他们是如何做到的呢？答案是借助关键词策略。他们提前做了大量的分析，了解不同人群在购买房车时会搜索哪些关键词，例如在深圳哪里可以买到好的房车、房车的价格是多少、有哪些品牌的房车适合家庭使用等。然后，他们在短视频中展示了与这些关键词相关的内容。当用户搜索这些关键词时，他们的短视频就会出现在用户面前。通过关键词策略，他们锁定了用户的搜索需求，将内容直接推送给用户，使他们直接接触到那些有购买意向和预算的人，每天获得的流量都非常精准。

那么问题来了，学会这个关键词策略后，你账号的第一条短视频应该发什么内容呢？当然不是自我介绍了。很多人发的第一条短视频都是自我介绍，例如"大家好，我是王总，今天我正式入驻抖音了。以后我们天天见，记得关注我哦"。但这样的短视频是你想发的，却不是用户想看的。你应该明白一个道理，那就是在发短视频的时候，不要再发自我介绍，而是优先考虑用户的搜索需求，将关键词策略应用于你的内容创作。

假设你也是销售房车的，那么根据前面提供的 12 个关键词，你可以做 12 条视频。比如，第一条视频可以介绍在深圳购买房车的地点，第二条视频可以介绍在深圳购买房车的品牌选择。在布局这些关键词之后，需要持续地重复和分发相关的内容。平台会帮助你将内容对接给有购买意向的人群。**关键词策略是在抖音上实现变现非常重要的一种策略，它的核心原则是拒绝泛流量，优先分析用户在购买时想要搜索的关键词，并提前布局这些关键词，让平台帮助你分发内容**。这是非常有效的策略。

抖音搜索是2023—2024年抖音平台上最大的红利之一，因为在抖音上搜索的内容能够被平台识别，并迅速推送给用户，而不仅仅是看谁花了更多的钱或有更多的粉丝，也不看账号创建时间的长短。抖音搜索给予用户购买的机会，而过去在抖音上购物并不被大众所接受。现在当用户产生购买需求时，他们会在抖音上搜索，而你的短视频会迅速出现在他们面前。结合快速转化的变现方式，你可以直接承接用户的需求，领先竞争对手一步，获得属于你的利润。

提到关键词策略，还要推荐一个万能的工具——巨量算数。这个工具在前面也提到过，它非常实用。你可以在抖音上搜索，找到巨量算数的小程序。在小程序中，有一个搜索栏，你可以输入所在行业产品的关键词。然后，你会看到一个小圈圈，里面有红色和绿色的点。红色点对应的关键词是你所在行业的用户高频搜索的词，绿色点则是次要的词。参考这些词，你可以布局短视频内容，提高用户触达率和转化率。

看到这里，你可能还是不知道如何拍摄与这些关键词有关的视频。不用担心，我已经为每个关键词找到了可以借鉴的视频作品。你只需要按照这些作品的方式进行拍摄，将其中的关键词和行业词换成你的即可。总共有10条视频（见本书配套资料包），好好参考一下吧。

最重要的是，看完之后要去拍视频，付诸实践。

7.3 通过 A/B 测试找出最佳短视频类型

本节介绍抖音运营中非常核心的一个板块,即 A/B 测试。

7.3.1 什么是 A/B 测试

可以说抖音运营的核心就是 A/B 测试。

$$运营 = 运动 + 经营$$

运营是一个动态的过程,不追求一步到位,而是通过循序渐进、步步为营的策略逐步推进,直至达到预期效果。在这个过程中,我们无法一步就策划出一个爆款,但可以通过不断调整来逐渐实现目标。

A/B 测试是一种被广泛应用的策略。举个例子,在演艺界有位演员叫黄渤,他刚开始出道时是个歌手,唱了 10 年却没有成功。然而,他不断地调整,最后尝试演喜剧而获得了成功。在相声表演中,有个名词叫作"小园子",指的是创作者在内部进行试讲,测试笑料和包袱效果。在话剧表演中也有"压场子"的概念,指的是在商演之前先进行测试演出,评估效果。脱口秀中的"开放麦",也是在大场景中先对着熟悉的人进行一次试讲。这些都是 A/B 测试的方式。

在抖音运营中,也可以采用 A/B 测试。拍什么样的视频才能得到大流量，这个问题没有确切的答案，只有数据才能给出准确的结果。只能不断地拍摄和测试，最终找到适合自己的呈现方式。**A/B 测试就是在保持文案和选题不变的前提下，不断调整呈现形式，以找到最有效的方法来提高流量**。你无法预测在视频里的人是笑着说流量高还是哭着说流量高，是坐着讲流量高还是边走边讲流量高。只有通过不断调整和测试才能找到最佳方案。

大家先来看几个案例（具体视频文件见本书配套资料包）。首先是第一个案例，让我们观看下面两张截图对应的视频。在这两条视频中出镜的是同一个小姑娘，但右图对应的视频进行了一些调整。可以看到，视频中她的服装、拍摄角度和背景都做了调整。正是这种测试和调整，使这条视频的创作者最终找到了流量最高的拍摄方式。

接下来我们再看第二个案例。在这个案例中调整的是呈现方式、出镜者的语气和状态。视频的内容是一位男性主播讲解育儿知识。在原来的视频中（下面的左图对应的视频），这位主播表现得像导师或专家，但没有获得流量。于是，他将拍摄场景由室内转到室外，使观众处于旁观者的视角，站在孩子身后，而且他在表达时调整了呈现方式，增加了一些情绪（参见下面的右图所对应的视频），尽管文案仍然相同，但流量有很大变化。

再看第三个案例。在这个案例中，后来的视频（下面右图对应的视频）改变了灯光的亮度，你可以看到当灯光变暗时，更能烘托出文案想表达的氛围。这个简单的调整就导致了流量的变化。

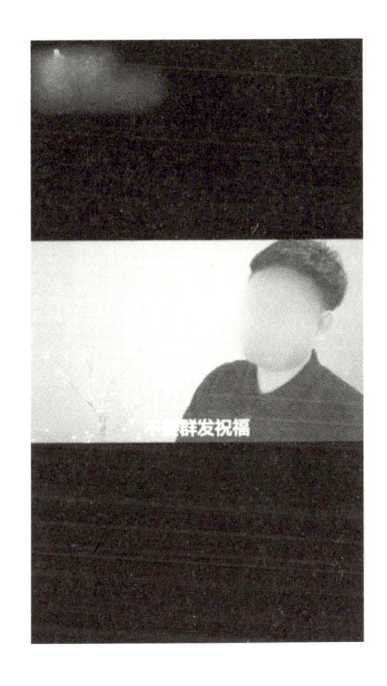

所以，如果拍摄了一条流量不高的视频，然后就急着拍下一条，这种做法是不正确的。

7.3.2 怎么做 A/B 测试

具体而言，怎么做 A/B 测试呢？如果选题和文案没有问题，就使用相同的选题和文案，不断尝试不同的呈现方式，以找到适合自己的高流量呈现方式。这也是在抖音上做运营的核心方法。

比如，在剪辑视频的时候，我们可以更换视频素材，或者将相同的视频素材用于不同的定向方式。定向方式就是指保持选题、销售人员和销售方法不变，但尝试向不同的对象销售产品。我们还可以保持主播不变，但更换场景，或者保持场景不变，而更换主播；

让主播尝试不同的话术，或者用相同的话术但配合不同的道具。在选题、文案、呈现方式、剪辑手法等维度不断地做测试，控制所有的变量，只改变一个变量，不断调整以达到最佳效果。

同样的文案、场景，让主播换不同的服装去拍一遍，这就是一个最简单的 A/B 测试，测试的是主播的服装对视频流量的影响。一条视频用真人口述的方式去呈现，然后用同样的文案加配音来呈现，这也是一个 A/B 测试，测试的是呈现方式对视频流量的影响。有人会问，能不能把 A/B 测试做得更小，测试得更精细？当然可以。甚至只是调换一下视频的背景，重新发一遍也是 A/B 测试。

我们来看一个案例。一个网站针对联系方式的图片进行 A/B 测试，一个方案是放一个简单的图标（下面的 A 图），另一个则是放真人照片（下面的 B 图），结果放真人照片的转化率是放简单图标的两倍。这说明人们更容易被真人的照片吸引，进而产生联系的想法。

只是换了一张不同的图像，结果却完全不同。所以，调整和测试是运营的核心。**任何用固定的思维去对抗动态的流量的方法都是不可取的。**

我有一个同学，曾经在我们公司担任主持人。他有一个特点，就是不懂得变通，不活泛。每次市场部举办活动时，他作为主持人上台，都会按照预先背好的主持词去表演。他很努力，那一套主持词背得非常熟练，但是非常刻板，不会随机应变。如果下面坐的是领导、老板或企业家，那么开场说"尊敬的各位领导、各位来宾、女士们、先生们"是没有问题的。但是参加活动的对象不会每次都一样，下一次的听众可能是一群孩子。他上台后仍然讲同一套问候语，这就没有变通了。

大家对"疯狂小杨哥"这个账号一定不陌生，它的发展充分展示了 A/B 测试的重要性。刚开始拍短视频时，"小杨哥"的团队尝试过变魔术，但流量很差；后来改成跳舞，流量更差；然后又尝试了变装和其他各种方式，直到最后改成家庭情景剧，效果才越来越好。看上去"小杨哥"好像是一步到位的网红，但事实上，他的团队在这个过程中是不断测试和优化，才达到如今的效果的。

无法一蹴而就，也无法一步登天，但是可以针对不同的人群、不同的环境和不同的运营阶段持续调整，不断优化和精进，直到获得很好的效果。这就是 A/B 测试。

第8章

完整案例剖析

叶老师对你说

不是谁做短视频牛,而是做了短视频,他才牛。

若你的行业竞争激烈,企业该怎么办?抢!短视频的逻辑是:当没有人做这个行业的时候,看见谁买谁,做的人多的时候,喜欢谁买谁,这就是兴趣电商。

天下难事,必作于易;天下大事,必作于细。

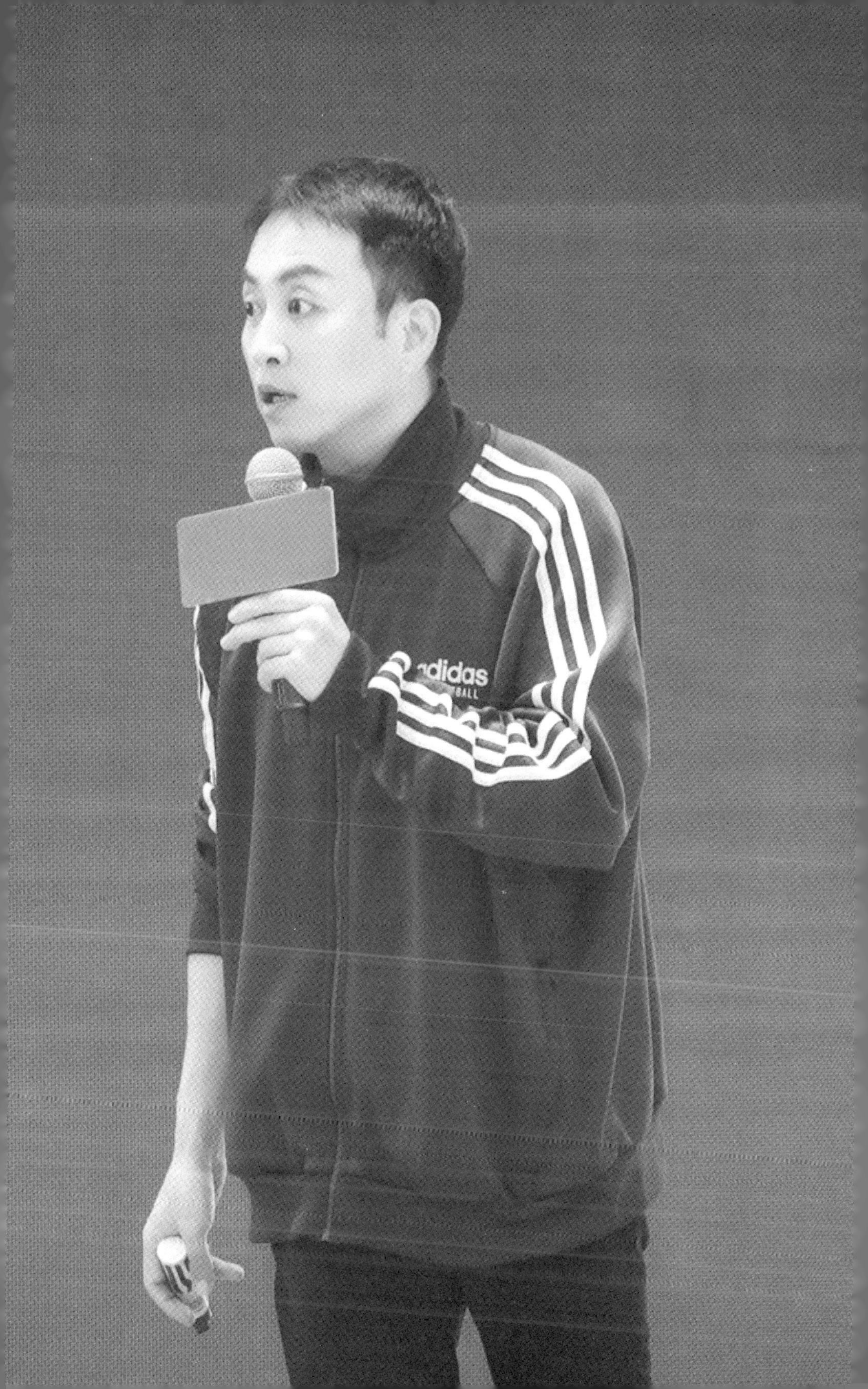
adidas

由于涉及学员隐私,故本案例不提及学员所在企业名称。

8.1 案例背景及现状分析

案例背景:

企业属于教育培训类企业,具体负责高端家政职业技能培训,在全国设有 20 多个分支机构。企业老板(学员)是 90 后,想通过抖音短视频在线上获取客咨(客户咨询),达到企业宣传变现的目的。目前,企业已经招聘了 3 个负责剪辑的小伙伴。

现状分析:

经过与学员沟通,我们了解到企业的主要产品形式有两种:一是线上家政技能培训课程;二是线下培训课程,其中线下课程可以吸引想从事家政行业的人群不断涌入。企业目前的变现形式主要有两种:主要通过在抖音、快手等短视频平台和招聘平台做信息流广告投放获取客咨线索,再将不同线索分发至全国各个城市,通过电话邀约在线下促成交易,其中部分客咨是通过老顾客介绍而获得的;也通过直播售卖线上课程,这种变现方式是次要的。

目前客咨线索获取成本日益增加,每个月需要近百万元的投放费用,而且获取的客户信任度低,转化困难。另外,企业客单价较高,基本在 2000~10000 元,产品线也比较多,大多为不同的专业技能课,如高端整理收纳课、月嫂育婴师课、催乳产康课等。

学员希望通过自己做账号，打造企业老板的个人 IP，同时为公司的几十位优秀讲师打造个人 IP，实现多渠道账号获客变现。

8.2　从整体规划到实操过程详解

沟通后，我们为学员企业制定了账号策划路线，如下图所示。

```
            ┌─────────────────────────────────────────────────────┐
            │ 行业定位：家政职业技能培训 产品：培训课（线上/线下）      │
            │ 变现形式：短视频引流获取客资为主、直播售卖线上课程为辅    │
            ├─────────────────────────────────────────────────────┤
账号         │ 老板IP：90后老板、年龄反差、互联网大厂经历、实在接地气  │
策划         │ 讲师IP：专业、国家级证书、经验丰富、50岁+、年龄信任感   │
            ├─────────────────────────────────────────────────────┤
            │ 账号风格：统一昵称、头像、头图简介侧重专业及经验         │
            │ 发布平台：抖音、视频号、快手                           │
            └─────────────────────────────────────────────────────┘
```

整体规划：

计划在 7 天时间内搭建一个企业蓝 V 账号，用来挂载获取客咨组件，发布营销视频并确保不限流；搭建一个老板个人 IP 账号，用来建立人设，获取客户信任；从几十位讲师中选择 4 位形象、气质及表达能力比较优秀的讲师，分别覆盖收纳、月嫂育婴、催乳产康、养老护理几个核心产品；发动全公司员工，将账号昵称、头像、背景图、简介等的风格及格式统一，内容侧重专业性及经验丰富。

平台选择：

在平台选择上，我们分析了对标竞品友商在各大平台的布局，最终决定选择在抖音、视频号、快手3个平台上矩阵式发布内容。原因在于，抖音暴增流量多，起号阶段同时孵化多个IP，团队成员有限，需要通过视频测试出有效内容；企业现存很多社群，如家政阿姨群、家政派单群、学员群等，可以通过视频号分享的方式增加流量，再结合下沉市场促成交易；快手平台的基调更符合企业客户的人群画像。

内容策划：

我们做了各个平台的对标账号内容拆解和变现路径分析，结合关键词分析，应用抖音的巨量算数及热点宝工具，发现大多数对标账号的视频内容借着帮助找工作的名义吸引客咨，以取得证书为卖点引导人们报名课程，这样的内容基调与学员企业的目标相悖。于是我们用了3天时间，找到了适合老板个人IP和4位讲师IP的高流量选题，部分选题如下图所示。

月薪3万元的月嫂一天的工作流程如何？	从事家政行业到底要不要证书？
小心！那些不为人知的月子中心的套路！	50岁还能从事家政行业吗？
这样的单千万不能接，家政阿姨注意！	什么样的阿姨是雇主心中的好阿姨？
保姆和雇主产生矛盾，3句话解决！	养老护理1个月能挣1万元吗？

负责视频剪辑的小伙伴搜罗了全网爆款选题，同时将文案逐字调整，选出几个待拍摄的选题，制作出脚本。

根据人群画像及置景（指设置视频或直播背景）设计不同的拍摄场景，作为 A/B 测试，同时在抖音平台上找到直播流量较好的对标账号，将一场直播完整录屏，对直播话术逐字逐句分析并调整，梳理出了匹配 4 位讲师个人风格的直播话术，最后制定了内容策划方案，如下图所示。

```
            ┌─ 行业关键词分析：家政服务、月嫂育婴师、家政培训
            │  用户画像：41～50 岁、女性、美食、时尚
            │
 内容  ─────┤  老板 IP 内容：揭露行业内幕、行业知识科普、直播连麦
 策划       │  讲师 IP 内容：晒日常培训学习、分享学员就业故事、就业前景分
            │  析、按年龄职业发展谈规划、学员趣闻
            │
            └─ 根据对标账号：选题策划文案+直播话术
```

拍摄：

在拍摄阶段，由于老板对镜头稍显恐慌，影响表现力，于是选择侧面镜头，以真人对话的方式呈现。其他讲师由于经常在线下讲课，表现力稍好，面对镜头看提词器说话反而有些空洞、不自然，因此通过熟读文案、分段录制的方式完成了拍摄。拍摄、剪辑、调整表现力等工作用了 5 天时间完成，制作了老板 IP 视频 10 条，讲师视频 20 条。

直播间搭建：

我们在学员企业总部找到了两个可以用作直播间的房间，计划让 4 位讲师根据排班时间表进行直播，确保每天直播 4 小时，直播平台为抖音+视频号双平台。直播方式选择绿幕直播，通过 OBS 电脑推流进行，根据不同的场景和直播贴片设计出契合当场直播内容的背景。

因为 4 位讲师之前的抖音账号积累了一定量的粉丝，再加上短视频及公司员工彼此间的引流，直播间粉丝数量很快突破了 1000。

布光方案：

室内空间有限，直播间基本为不足 20 平方米的正方形空间，因此我们选择 3 点布光法，用两个深抛灯在主播两侧斜上方 45°作为主光，一个球形灯在主播侧后方负责照亮绿幕，如下图所示。

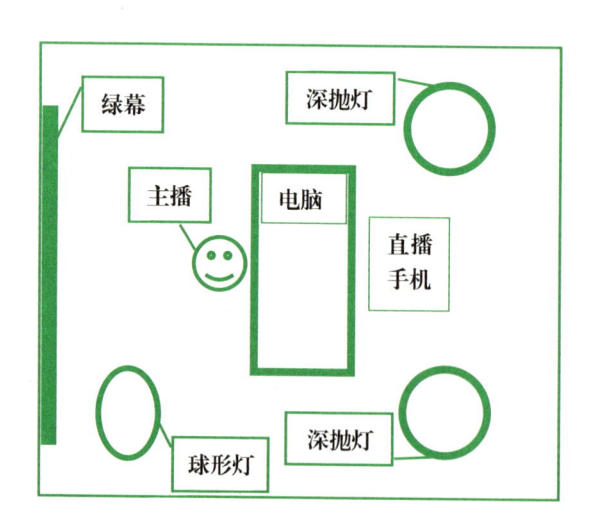

老板直播：

老板直播主要采用与粉丝连麦的方式，比较出乎意料的是，在视频号开播的第一场，直播间观看人数近 4000 人，如下图所示。

观看人数	观看次数	最高在线	平均观看时长
3756	4899	194	04分45秒

点赞次数	评论次数	分享次数	新增关注人数
51442	717	461	189

经过数据分析，我们了解到视频号发布的视频起到了引流效果，同时，公司的很多员工将直播间消息转发到社群，在微信平台形成了裂变效应。于是我们改变以往的运营策略，以视频号直播为主打造老板 IP，在抖音、快手平台进行矩阵短视频发布，多平台测试视频内容，一旦测试出爆款视频，就在直播前一天重复发布这些爆款视频进行引流。

老板 IP 视频没时间拍怎么办？在进行第四场直播的时候，我们对剪辑小伙伴提出：将这几场直播的录屏视频下载下来，剪辑直播连麦的切片，将有共性的话题切片剪辑成视频，同时在多平台发布。这样一来，即便老板没时间拍摄视频，也可以保证视频输出。根据以上思路，我们很快便陆续测试出了多个播放量达 10 万+的爆款视频，如下图所示。

2023年09月09日 10:00 已声明原创
14.6万 702 310 672 432

2023年09月21日 09:12　已声明原创

👁 29.8万　♡ 682　💬 296　↗ 1411　👍 797

2023年09月23日 09:00　已声明原创

👁 13.6万　♡ 609　💬 470　↗ 675　👍 377

同时我们发现，爆过的内容，重复发还会爆。基于此，我们根据学员企业的自身特点，形成了适合企业的运营策划路线，如下图所示。

```
         ┌─ 老板素材库搭建：日常工作过程、热点观点、直播连麦切片
         │  讲师素材库搭建：授课日常、实操记录、生活记录、热点聊观点
         │
         │  老板 IP 内容：揭露行业内幕、行业知识科普、直播连麦
运营策划 ─┤  讲师 IP 内容：晒日常培训学习、分享学员就业故事、就业前景分
         │  析、按年龄职业发展谈规划、学员趣闻
         │
         │  内容配比：行业观点、行业知识、粉丝连麦规划、企业文化介绍
         │
         └─ 运营思路：直播切片测爆款，爆款复制推直播，后端咨询快转化
```

我们对 3 个月的引流客咨数据进行盘点，发现通过短视频、直播获取的客咨，因为老板个人 IP 的加持，客户信任度和精准度更高，转化效率也更高，累计获得客咨近 4000 人，累计变现 150 万元。另外，运营策略可以持续不断地优化、迭代，形成良性循环。

团队搭建：

为了对运营、剪辑等不同角色进行绩效考核，我们引入了 OKR（Objectives and Key Results）策略，即目标与关键成果法，以

此设置薪资构成。将运营人员所负责IP的客咨线索获取目标完成率、涨粉目标完成率、爆款视频目标完成率、日常工作完成度等纳入考核指标，既可以激励运营人员对所负责IP的各项指标尽心尽力，也可以通过将目标拆解到每日、每个动作以定期复盘，形成科学的绩效考核制度，如下图所示。

OKR策略 薪资构成					
底薪	基础绩效	售课提成	客资线索提成	补助	奖金
3500	2000	5%	15元/条	100	—
绩效考核标准					
绩效考核项	权重	目标	实际完成	完成率	绩效	总绩效
客资线索获取目标完成率	40%	40	100	250.00%	1.00	
涨粉目标完成率	20%	1000	1100	110.00%	0.22	1.72
爆款视频目标完成率	20%	2	3	150.00%	0.30	
日常工作完成度	20%			20%		
奖金设置					
3个月历史最高场观翻倍奖	大爆款视频奖（浏览量10万+）		售课金额		其他金额
500/次	100/条		5000		—
工资计算器					
底薪	绩效	客资线索提成	售课提成	补助	奖金	实际薪资
3500	3440	1500	250	100	0	8890.00

注：此表仅供参考，具体的绩效考核办法要根据企业类型的不同进行制定。

对于企业短视频变现，一定要通过多平台进行测试，通过不同的选题、文案、置景等元素快速测试出能够获取意向客户的爆款视频脚本，然后不断地复制、迭代，通过直播快速转化，最后针对有效的引流视频进行付费投放，增加流量曝光，这样做有一定的概率能够激发自然流量，让视频流量进行二次、三次递增。

致　　谢

【对小颖】

　　一个常年在外飘着的男人，就像松了线绳的风筝，飘摇自由。近些年我在家的时间越来越少了，几乎大部分时间都在外面飘着，回家休整一夜，第二天又匆匆上路。我的爱人——小颖——就是我这个风筝的牵线人，我的大部分航班都是在深夜甚至凌晨落地，不管多晚回到家，都有那一抹温暖的光亮留给我，看着熟睡的孩子，还有睡眼惺忪的爱人，揉着眼睛嘴里嘟囔着"回来啦？"。

　　我曾以为出差就放松了，远离柴米油盐的枯燥，逃离管教孩子、辅导孩子作业的不自在。是的，我之前就是这么想的。当我一年90%的时间都在外面的时候，现实颠覆了我之前对家的认知，可以说正是讲师这份职业让我成长。但真正让我获得成长的，是小颖。

　　每次结束一天的授课，榨干自己最后一丝儿精力回到酒店，小颖发来视频的时候，屏幕里孩子笑脸的背后，是忙着洗衣服、收拾屋子的身影。她偶尔路过镜头前和我说一两句，让我心中弥漫着挥之不去的热烈与幸福感。我在想，如果没有小颖，我绝不会有今天，我也绝不会有机会写这本书,把这些真情通过单调的文字表达出来。

我们在这个时代都有着不同的身份,场景不同,身份多样,而只有我身处这个家庭,才能知道我的爱人多么厉害。我不止一次地在线下讲课中提及我的爱人,这些都不足以表达我对她的感激之情。孩子眼中她是妈妈,妈妈眼中她也是孩子,而我却感慨着太晚才认识她,我对拥有着的这一切无比感恩。

【对学员】

我的时间、行程安排都由小颖对接,这让我有更多的精力与学员交流。如果说小颖给予我的是安定与温暖,那么亲爱的同学们赋予我的则是进击之心和信心。我感谢这些学员对我毫不吝啬的支持,而我能做的就是不断精进学识,将短视频知识毫无保留地传授给大家。

【对博商】

每一天奔走于不同的城市让我很清楚,一个成功的课程不是一个人能搭起来的。感谢博商这个平台,感谢每一位默默支持、关注、付出的人,每一次会议、每一次授课,台上台下忙忙碌碌的"小宝贝儿"们,有你们真好。

【对陆野】

感谢陆野，感谢你对这本书知识的萃取、编排、案例整理，以及课程思路的共创。

【广结善缘是最好的风水】

还有很多人要感谢，可能我只见过一面，可能素未谋面以书相见，也许是司机大哥，也许是我的朋友，也许是通过这本书刚认识我的你，我没有那么大的奢望想要获得众生的认可，如果有一些人为这本书鼓起了发自内心的掌声，对企业短视频制作获得了一些启发，如果实操后还能获得些许收益，那我也就满足了。

机场里的行人神色匆匆，各自忙碌着。落地之后，一个崭新又熟悉的城市等待着我。愿这一次次的授课能帮助企业启思。当合上这本书的时候，我一定会在不久的将来，向各位打开另一本书。

反侵权盗版声明

电子工业出版社依法对本作品享有专有出版权。任何未经权利人书面许可，复制、销售或通过信息网络传播本作品的行为；歪曲、篡改、剽窃本作品的行为，均违反《中华人民共和国著作权法》，其行为人应承担相应的民事责任和行政责任，构成犯罪的，将被依法追究刑事责任。

为了维护市场秩序，保护权利人的合法权益，我社将依法查处和打击侵权盗版的单位和个人。欢迎社会各界人士积极举报侵权盗版行为，本社将奖励举报有功人员，并保证举报人的信息不被泄露。

举报电话：(010)88254396；(010)88258888
传　　真：(010)88254397
E-mail：dbqq@phei.com.cn
通信地址：北京市万寿路173信箱　电子工业出版社总编办公室
邮　　编：100036